坂東眞理子

Mariko Bando

女性リーダー4.0

新時代のキャリア術

毎日新聞出版

はじめに

働く女性を取り巻く状況は、新しいステージに入っています。

女性の活躍は、企業の経営戦略の重要な要因になりつつあります。経営戦略としての女性の活躍、私はこれを「働く女性4.0時代」に入ったと名づけています。

働く女性をめぐる状況は、戦後３つのステージがありました。

第１ステージは母性保護の時代です。産前産後の休業などの直接的母性保護だけでなく、生理休暇、深夜業の禁止、残業規制、危険有害業務禁止などの間接的な母性保護が行われていました。

第２ステージは差別撤廃の時代。原則として間接的な母性保護を撤廃し、機会均等が謳われましたが、男性と同じ働き方の総合職は定着せず実態は伴いませんでした。

第３ステージは仕事と家庭の両立支援、ワークライフバランスの時代です。少子化対策として育児休業、子どもが6歳になるまでの短時間勤務が法制化され、女性が子どもを産んでも働き続けられるようにサポートするのが企業の社会的責任とされました。

では今始まりつつある4.0はどんな特徴を持っているのでしょうか。それは両立支援だけでなく、女性の能力・適性を活かすことを企業の経営戦略として位置づけるということです。つまり、単に女性が子どもを産んでも働き続けるだけでなく、責任を持つ立場の管理職の数と割合を増やし、女性の意欲と適性、能力を活かす新しい組織を作るということです。その流れは、必然的に男性を含む働き方改革をもたらし、企業の生産性を上げるうえで欠かせない取り組みになっています。

男女を問わず私たち一人一人は能力も、意欲も、個人的事情も異なるので、自発的にポストや働き方、弾力的な勤務時間や場所を選び、個別のキャリアパス（career path）の選択を可能とするところまで踏み込まなければなりません。それには女性だけでなく男性も含め、個別性、自発性、弾力性を尊重することが求められています。

多くの企業はまだ3.0時代（ハードに働いて頑張った女性を管理職に登用し、多くの女性には育児との両立の手厚い支援をする時代）の女性観から抜け出せず、女性従業員の増加は企業経営にとって重荷になると考えています。しかし、少子高齢化によって仕事に全力投球できる男性労働者の数が減っており、同質的な職場が強みを発揮した製造業中心の時代は去りつつあります。今こそ多様な能力と価値観、生活体験を持つ多様な人たちを活かすダイバーシティ経営が求められているのです。

こうした新しい働き方の時代に対応するには、女性自身も変わらなければなりません。自分を縛っていた「いい子願望」を乗り越え女性リーダーをめざすこと、組織を動かす管理職として新しい視点を持って働くこと、未熟な部下を育てるなど、新しい「働く女性像」をめざすべくマインドセットを変えることが必要です。

もちろん、女性自身のマインドセットを変えるだけでなく、男性上司も組織の在り方も変わらなければなりません。どうすれば女性の能力と適性を引き出し、人材として育てることができるか。特別な女性だけでなく、多くの女性を経営幹部に育て昇進させる恒常的なパイプラインをどう構築するのか。

本書では、こうした今後の組織の在り方を考察しています。そして、最後にこれからの日本では一人一人がどう働くべきか、どういう社会や組織を作るかを展望しています。

ここに記したことは、中央官庁の公務員として、また埼玉県副知事や在豪州ブリスベン総領事として、大学の学長として組織の中で働いてきた私の経験に裏づけられた提案です。

新しい時代を生きていく女性と組織への現実的なアドバイスになることをめざしました。

ぜひ多くの女性と、女性とともに働く男性に読んでいただき、女性たちが生き生きと働く職場が増えてほしいと願っています。

CONTENTS

はじめに――3

第1章 マインドセットを「いい子」から「リーダー」へ

軽んじられないための心構え――16
重要でない仕事を背負い込まない――19
自信を持って話す――21
職場でアピールすべきは「女性らしさ」より「信頼性」――23
本業以外の得意分野を持つ――26
実績を隠さずチャンスを得る――29
ロールモデルに固執しない――30
尊敬できる先輩に気持ちを伝える――33
組織人としての第一歩は上司を尊重することから――35
上司の人間性にも目を配る――39

時には見返りを求めない投資を——40
上司を助けて足場を作る——44
辞表を出す前に1週間熟考する——47

第2章 「リーダー」として振る舞う

機嫌良く振る舞って周囲を活気づける——52
愚痴は器の小さい人と映る——54
部下を活かす——57
叱る時は限定的に冷静に——60
謙遜はほどほどに——64
部下への評価で器が問われる——65
部下を売り込む——68
個々人への関心と共感をさりげなく伝える——70

マネージャーよりリーダーをめざす――72
嫉妬されても成果をきちんと出す――75
問題の対処は管理職の務め――78
若い部下から教えてもらう素直な姿勢を持つ――80
自分を高める仕組みを作り、互いに確認し合う――83
役職者の目線に立つと、期待される役割が見えてくる――85
「余人をもって代えがたい」仕事はない――89
私的な目的で会社を利用しない――92
新たなステージを恐れない――93

第3章 部下を育てるためのヒント

仕事の割り振りは適性に合わせる――98
叱る言葉にも愛の裏打ちを――101

過程の評価もおこたらない——103
男性部下にはプライドに配慮したアドバイスを——107
指示を明確に出しチーム力を上げる——109
知識とスキルの習得は実践を通して——111
責任を与えて大きく伸ばす——114
失敗はうやむやにせず責任を明確に——116
部下の多様な長所を発見する——119
教師になったつもりで部下を育てる——121

第4章　女性社員はこんな男性上司を求めている

リップサービスだけでなく正当な処遇を——126
女性は管理職になりたがらない？——129
女性管理職を増やして女性のやる気に火をつける——132

女性の外見に惑わされない――134
評価は公平を旨とすべし――138
好悪の感情を出さず仕事で評価――140
少しむずかしい課題を与えて鍛える――142
感情の行き違いを避けるために言葉によるコミュニケーションを――144
殻を破る経験を積ませればお局様にはならない――147

第5章 女性が活躍する組織を作る

有名企業にこだわらず、女性が働きやすい企業を選ぶ――152
女性活躍のための社内組織には、社長を責任者に据える――158
女性登用を促進するための役員以下へのアプローチ――162
鉄は熱いうちに打て！――165
採用面接の担当者に女性を入れる――168

40代から再チャレンジできるプランを——170
「女性が働きやすい会社」とは「男性も働きやすい会社」——173
「垂直型ワークライフバランス」のすすめ——175
先輩から後輩へのマンツーマン指導で士気を高める——179
キャリアパスの「可視化」でやる気を引き出す——181
日本人はどのように仕事を覚えてきたか——184
今後求められるのは組織管理力——186
専門性の上にあぐらをかかない——189
女性登用のパイプラインを構築する——192
女性を専門職に閉じ込めない——195

第6章 女性の活躍で社会が変わる

女性活躍4.0時代の到来——200

女性労働力率の高い国が国際競争力を強めている――203
日本ではなぜ女性のリーダーが少ないのか――207
女性のリーダーを増やすための3つのステップ――209
「働き方改革」は経営戦略である――211
メンバーシップ型雇用の見直しは急務――213
これからのリーダーに求められる資質は「多様性」――216

おわりに――220

装丁――宮坂佳枝
編集協力――折笠由美子
DTP・図版――ペリカン
写真（帯）――毎日新聞

第1章

マインドセットを「いい子」から「リーダー」へ

就職後数年は、女性は職場で、素直で明るく指示どおりに動く「いい子」であることを期待されました。しかし、この時期はいつまでも続きません。女性たちが組織の中でしっかりとした立場を築くためには、組織も変わらなければなりませんが、同時に女性も自分に対するマインドセットを変えなければなりません。この章では、入社後数年たち、これから管理職をめざす女性たちへのアドバイスをします。

軽んじられないための心構え

女性は幼いころから「人と仲良くしなさい」「人から好かれなくては駄目よ」「嫌われないように行動しなさい」ということを陰に陽に期待されて育ちます。自分の意見を主張するな、自慢をするな、謙虚に振る舞えと男性以上に期待され、心に刷り込まれがちです。

しかし「いつでも誰からも好かれよう」と行動するのは、仕事をするうえで、いや人生を生きていくうえで不可能です。

意見を言えば反対する人もいますし、成功すればねたむ人もいます。全員に好かれることは不可能だと覚悟しておきましょう。

もちろん、より多くの人に好感を持たれるのは職場で成功するうえでも重要な要因ですから、わざわざ嫌われるような言動をする必要はありません。しかし好かれること、周囲の人から好感を持ってもらうことを優先してばかりいる女性は、「いい人」だけど頼りないと思われ軽んじられます。いい子やいい人は、職場や上司にとって「都合のいい人」「使いやすい子」でしかないことが多いのです。

ぜひ女性たちに理解してほしいのは、めざすのは感じはいいけれどしっかりしている女性、やさしく温かいけれど有能な女性だということです。誰にでも感じよく思われよう、やさしく振る舞わねばと自分の発言や行動を抑えて、有能さや自分の意見を認められないで終わることにならないようにしましょう。

実は私も若いころは、「こんなことを言ったらあの人への批判と思われるから黙っていよう」「ここで発言すると目立ちたがり屋だと思われるかも」と遠慮して、言うべきことを言わないことが多々ありました。しかし、経験を重ねてわかったのは、言うべきことを言わなかったら好かれるわけでもなければ、立派だと思われることもないという事実です。そして、自分がどうでもいいと思っている人に嫌われても、実害はまずありません。

女性に今必要なのは、言うべきことも言わず黙っていることではなくて、言うべきことを感じよく表現すること、説得力をもって話すにはどうすべきか工夫することです。

たとえば古くて新しい問題、職場でお茶を淹れる役割やコピーを取る仕事があてがわれたら、ストレートに「女性にだけお茶汲みをさせるなんて差別です」「女性にお茶汲みをさせないでください」「私はしません！」と言うのはやめましょう。もちろん不満を言わず黙々と与えられた仕事をこなす必要はありません。あなたがするべきことは「今日は私がしますが次からは持ち回りにしましょうね」とか、「若い人から順にすることにしましょう」などと提案することです。

また、職場では周囲の人と協力しなければなりませんが、それにも取捨選択と優先順位づけが必要です。たとえば責任が重い仕事、リスクのある仕事を買って出たり、子どもが急に熱を出して帰らなければならない同僚の仕事を引き受けたりする前向きな仕事に一肌脱ぐのならいいのですが、押しつけられたこまごまとした雑用を嫌々するのはやめましょう。

謙遜するのも一般には女性の美徳とされますが、自分が仕事に貢献していることや成し遂げたことが、上司や周囲に気づかれない場合は、さりげなくアピールするよう工夫します。たとえば上司に仕事が終わったことを報告する時、「やっと期日に間に合ってみんなで喜んでいますが、○○さんも△△さんも私も休日出勤したんです」と付け加えたほうが

「まあ、何とか終えました」と言うより印象的です。「はじめは無理であきらめようかと思ったのですが、やればできるとわかりました」と言わなければ、上司にむずかしさが伝わりません。それをしないと、あなたは縁の下の「いい人」で終わるでしょう。

重要でない仕事を背負い込まない

多くの女性は男性の3倍働かなければ認めてもらえないと信じています。現実に多くの職場で多量の仕事をこなしているのは女性です。しかし現実を見てください。その職場で責任ある地位に就いているのは多くが男性か、要領のいい人です。

蟻（あり）のようにこつこつ働いて、地味な成果を積み上げていれば自分から言わなくても心ある誰かが認めて評価してくれると期待している女性は多いのですが、そういう美しいことはめったに起きません。私も組織の責任者として、事務など補助職でそういう縁の下の力持ちの役割を果たしている人を見つけ、感謝し評価しなければと思っているのですが、組織にとって重要で困難な仕事をしている人に、どうしても目が行きがちです。

必死に働いても昇進には結びつかない事実は、あなたの周りの多くの女性、少なからぬ数の男性を見ればすぐわかります。単に必死で働く人は昇進していない例が多いはずです。

では、どんな人が成功するのでしょう。戦略的な考え方ができ、情報網を持ち、共同作業ができて目に見える成果を上げている人が昇進し、長期的にキャリアで成功するのです。

キャリア戦略的に考えるなら、重要でない仕事をせっせと引き受けて忙しがるのは避けましょう。同僚から「ちょっと手が空いていたらこの仕事してもらえない？」「締め切りに間に合わないから手伝って」と言われたら、「ごめんね。私もいっぱいいっぱいなの」とやさしく断ります。あるいはすぐ引き受けず、「上司（責任者）に相談して、締め切りを延ばすよう頼んだら」とか、「みんなに手伝ってもらうように言ってもらったら」とアドバイスします。女性は頼まれた仕事を断ることに慣れていません。断ったらいい人だと思ってもらえないのではないかと恐れているのです。しかし、頼まれたらホイホイ引き受けるよりチーム全体の責任を持つ上司に相談し、本当に必要かどうか判断してもらいましょう。上司から手伝うよう指示されたら、もちろん快く引き受けます。

誰かがしなければならない仕事なのに誰もしないからと自分で買って出ることは、やめなければなりません。同僚からいい人だと思われても、自分の時間は無くなり忙しい思いをし、しかも自分の成果は乏しいままで終わります。重要な仕事、自分の適性・能力を発揮する仕事をしたうえで、余力があれば他の人を助けたり、皆の嫌がる仕事をするのならよいのですが、そうでないなら雑用を背負い込むのは避けるべきです。同僚から「いい人」と思われるより、チームリーダーが重要だと思っている仕事をしっかりこなすほうが重要です。その軽重（けいちょう）、重要度を見分ける力を磨きましょう。

自信を持って話す

知的な話し方はあなたの評価を高めます。

論理的な「思考」の重要さがいろんなビジネス書で紹介されていますが、論理的な「話し方」も重要です。論理的な話し方というのは「理屈っぽい話し方」ではなく、「なるほど」と相手に納得してもらう話し方です。まず結論を述べ、その結論に至る理由を事実を踏まえて順を追って話し、結論を導く話し方です。

そのためには、話の内容に自信を持って話さなければなりません。

しかし多くの女性は自信がなさそうに話し、あいまいな言い方をし、余計なことを付け加えて言いがちです。自信に満ちて断言するのは生意気に思われるのではないか、人から反発されるのではないか、という不安を和らげたくて女性は表現をぼかそうとする傾向があります。確かに雰囲気は和らぐでしょうが、メッセージは弱くなります。「もしかしたら……すべきかもしれません」「……したほうがよいのではないでしょうか」「……することを考えてもいいのではないかと思う時もあります」などという表現は、できるだけ使わないようにしましょう。

本題に入る前の前置きは、長ければ長いほど言いたい論旨がぼやけます。実はこれは女性だけの特徴ではなく、公務員、大組織の管理職など周りに気を使わなければならない立場の人の発言に共通する傾向です。これからビジネスのグローバル化が進む中で、こうした言い方から女性は脱却しなければなりません。前置きを長々とする前に、自分の言いたいことの要点を3つ程度にまとめ、どういう結論にもっていってもらいたいか想定する。反論や疑問が出されたらどう対応するか、準備してから発言しましょう。前もって何度か練習して、優しく柔らかく発言できるようにしておくのです。

前置きと同様に、説明も短くしなければなりません。「参考資料をご覧ください。ポイントはこれとこれです」程度のほうが、長々と説明するより印象的です。

一般にはわかりやすい言葉で伝わるように話さなければなりませんが、仕事のうえではその分野の人が知っている専門用語をどんどん使いましょう。正確に専門用語が使えると仕事仲間と見なされます。

話す時にはできるだけ大きな声で、相手に理解できる速度で話すことが大事です。私も大学の教室で小さな声で話す女子学生には、コミュニケーションの基礎は相手に聞きやすい大きい声で話すことだと言っているのですが、まだ小さい声の女子学生が多いのは困ったものです。聞き取りにくい早口もやめましょう。相手の時間をとってはいけない、迷惑をかけてはいけない、と遠慮しているのかもしれませんが、相手に聞こえているか、相手の思考速度に合っているかを考えると、速すぎる話し方はNGです。

また、日本の女性は高い声で話す傾向があります。高い声のほうが若々しくかわいらしく、女性らしいと思っているのかもしれませんが、聞きやすいのは低い声です。仕事の場ではできるだけ腹の底から声を出し、低い声で話すよう努めましょう。

職場でアピールすべきは「女性らしさ」より「信頼性」

リーダーをめざすなら、ビジネスシーンでどのような身だしなみがふさわしいか知っておかねばなりません。

女性も管理職になると外部に出る機会が増えます。そのため、身だしなみ、ヘアスタイル、メークなど外見を整える練習も必要になってきます。おしゃれのレベルは良識でコントロールしなければなりません。

良識の範囲は業界によって違います。銀行は保守的、広告代理店やマスコミはもう少しカジュアル、など微妙に違いますが、その企業のチームの一員として認識してもらうには周囲を見回し、責任のあるポストに就いている評判の良い女性の服装をチェックしましょう。そっくりそのまま真似るのではなく、自分の好みで変化をつけるにしても、平均的な女性ではなく、上層部から「感じがいい」「信頼できる」とされている女性がお手本です。

アメリカでも女性たちが職場へ進出し始めた20〜30年前は『Dress for Success』という本が話題になり、グレーやベージュのテーラードスーツに絹のブラウス、パールのネックレスが一世を風靡(ふうび)したことがありました。もちろんスタンダードな装(よそお)いにする必要はなく、自分らしさを加えるのはOKですが、自分の好みだからとジーンズやタンクトップで出勤したり、濃いメークや最新のファッションを身に着けたりするのはお勧めしません。

職場ではおしゃれのセンスや若々しさをアピールするより、信頼できる有能な女性と思われなければなりません。女性らしさをアピールしすぎるふわっと広がった髪型や深いスリットの入ったスカートや、華やかなドレスは夜のプライベートな会合に出席する場合にはいいでしょうが、職場にはふさわしくありません。スーツや時計やかばんなどの持ち物を、有名ブランドでそろえる必要はありません。それより自分に似合うやや保守的なスタイルのほうが、余計な反発を招きません。そして品質は上質のもの、私の経験では天然素材のほうが失敗は少ないようです。目立ちすぎるアクセサリー、揺れるイヤリングも避けたほうが無難です。職場でアピールすべきは、「女性らしさ」より「信頼性」「有能さ」です。

言うまでもなくおしゃれをしないのはマナー違反であり、また自分の価値を低めます。私も若いころには、女性だからといっておしゃれや外見で勝負するのは嫌だ、内容や能力で勝負したいと思い、あまり服装に構いませんでした。今でも、職場には自分に似合わない古いスタイルの野暮ったい服装をし、ノーメークという人もいます。しかし、これは職業人として自分の評価を下げることになります。自分のセンスに自信がなかったら、デパートの販売員やセンスのいい友人にアドバイスを求め、時間をとって試着してみましょう。実際に着てみると自分に似合っているかどうかがわかります。

服装だけでなく、何気ない振る舞いが女性への評価に影響していることがあります。脚がとてもきれいでも、椅子に座る時は組むより両膝をつけて脚をそろえたほうが反感を持たれません。

髪の毛や口紅やメークを直すのは化粧室で。人前では直さないようにしましょう。

自分の名前を○○ちゃんと愛称で呼ばれないようにするのも大事です。実は私も40歳近くまで「眞理ちゃん」と呼ばれていました。上司や先輩にやめてほしいと言うのはなかなかむずかしいとは思いますが、部下や同僚には変えてもらうように自分から頼みましょう。自分が友人に呼びかける時も、職場では○○さんと姓で呼びます。

ささやかなことの積み重ねがあなたの評判を作るのです。

本業以外の得意分野を持つ

言うまでもなく、言われたことをきちんと処理する、あいつに任せておけば間違いはないと思われる信頼を勝ち取るのは職業人としても重要な第一歩です。あの人に任せると後始末が大変だ、かえって手間がかかるという人もいますから、与えられた任務をきっちりこなすのは職業人の「基本のキ」です。

しかし、言われたことをきっちりするだけでは職業人として組織にとってもいまひとつもの足りませんし、「できる」と評価されません。個人としても不完全燃焼感を持ちます。ぜひ意識してほしいのは、与えられた仕事をきちんとするだけでなく、自分ならではの何かを付け加える、そこに自分らしさをプラスする工夫をするということです。それが仕事に個性を発揮することです。与えられた仕事はいい加減に手抜きをして自分だけ目立とうとしたり、自分の考えや意見を主張したりするのが個性の発揮ではありません。

では、どうしたら与えられた仕事に自分らしさを付け加えることができるのでしょうか。ユニークなことをゼロから創り出すのはむずかしいでしょう。自分のすでに持っている知識や経験からここでも役に立つ、応用できるというものを持ってきて加えたり、相手が必要としている情報を加えたりすることがきっかけになります。たとえば私は、『青少年白書』を書いた経験を活用して『婦人白書』を書きました。

お勧めしたいのは、組み合わせです。そのポストや仕事に本来必要とされる知識やスキルのほかに、自分の特技を持っていたらそれを組み合わせると、ほかにはいない、ユニークな人材になります。技術に強いセールスマン、英語もできる経理屋さんなど、それぞれの分野ではトップ中のトップの水準と言えなくても組み合わせるとユニークな人材になります。

実は私自身もそれほど政策に詳しいわけではなく、英語も通訳が務まるほどでもなく、講演も特別におもしろおかしく話せるほど上手ではありませんが、こうした仕事を一応水準以上にはこなし、自分のレパートリーにしているので、それらを組み合わせることで、あまり同じ人はいないユニークな存在になれたのではないかと思います。

そのためにも表芸、裏芸、余技と得意技を3つくらい持つように努力することをお勧めします。

表芸というのは、その仕事をするうえで欠くことのできないスキルや専門能力で、本技の世界です。毎日の職務に必要でよく使うので、そのポストに就いていると自然と一定水準に達します。

それと関係のある周辺分野の知識やスキルが裏芸です。会社経理の人がファイナンシャルプランナーの資格を持っている、銀行の融資係が宅地建物取引士の資格を持っている、などどれもその資格だけで独立して仕事をするのはむずかしいでしょうが、プラスアルファとしては大いに役に立ち個性の発揮につながります。

そのほかに余技として音楽やスポーツ、あるいは昆虫採集や、歴史研究などあると、仕事には直接役に立たないけれど、その人の個性を表す活動になります。なんでもひととおりこなす趣味より、特別なその人にしかできないものがよいでしょう。

たとえば、アサヒグループホールディングス常務取締役（ＣＦＯ）の奥田好秀さんは甲虫研究が趣味の虫屋で、国内で複数の新種を発見しています。表芸をなおざりにして余技にふけるのではなく、表芸をきちんとこなしたうえで余技を楽しめば、人間的な魅力を加えることができます。

実績を隠さずチャンスを得る

どんな仕事をしているかと聞かれた場合も多くの女性は「大したことはしていないのですが」とか、「ただの事務をしています」とか「普通の公務員です」と謙虚に答えることがままあります。特に外部の人に自己紹介するような場合、時間が限られているなら社名と肩書を告げるだけでよいですが、本当に相手が自分の仕事に興味を持っている場合は、具体的に自分のしていることや成し遂げたことを明確に伝えましょう。たとえば「新しい店を出すための市場調査や店舗コンセプトを企画し、今まで3店成功させました」とか、「警備会社の防犯カメラネットワークの開発に携わっています」というように、自分がどんな仕事をしているか、ポジティブなニュアンスをつけて伝えるようにしましょう。また、自分がもらった賞や表彰の事実を嫌味にならないよう、さりげなく織り込むのも良い情報提供になります。

組織内部の会議や打ち合わせでは、司会役を買って出たり、会議では発言するように努めましょう。そのためにタイミングや言い方を工夫しなければなりません。

仕事と関連のある分野で発表する機会、会議の報告や記事を書く機会には自分から手を挙げます。指名されたらきちんとやれるが、自分から手を挙げるのはどうも図々しく思われるし、自信がないという女性が圧倒的に多いのですが、そうした謙譲の美徳は通用しなくなりつつあります。「失敗したら嫌だ」「もっと上手にできるチャンスを待とう」「今は忙しいから準備が十分にできない」と言っていては、永遠に機会はめぐってきません。

仕事と直接関係がなくても、会社の幹部や重要人物が集まる会議に出席する機会があれば、「忙しいから」とか「私なんか出ても」と遠慮しないで出席しましょう。最初は発言する機会はなくても、場数を踏めば会議の流れや、誰が重要人物かわかってきますし、あなたの存在を知ってもらうことにつながります。女性は、まず組織の中で名前と顔を覚えてもらう必要があります。

ロールモデルに固執しない

女性が組織の中で成功するには、メンターやロールモデルが大事であると強調されています。確かに男性たちには「将来課長になったらあのように振る舞えばいいのか」「部長はああいう判断をするのか」といたるところにロールモデルがいますが、女性は管理職、取締役などになっている人が少なく、見渡しても「憧れの先輩」「私もなりたいお手本」がいない職場が多いのは事実です。

確かに女性が勤続していても将来が見えないというのは問題です。20世紀のうちは、いや21世紀に入っても「女性はアシスタント」「子どもが生まれたら退職する」とされ、その先の処遇は考えられていませんでした。男性なら個人差はあっても10年たてば係長、20年たてば課長などという標準的なキャリアパスがあるのに比べると大きな違いです。短大卒で勤続30年の主任とか、定年間際に調査役というような肩書がやっとつく大卒女性など、女性が長く働くことを想定した人事計画がなく、勤続した女性がどういう職業経験を重ねるかというキャリアパスが見えませんでした。

しかし、ここ数年の間に女性の働き方は明確に変わってきました。正社員で採用された女性は結婚しても、子どもが生まれても勤続したいと考えるようになりました。とはいっても育休から復帰したあと、短時間勤務から復帰したあとの働き方や、将来どう処遇されるかわからなくて不安だという声はたくさんあります。しかしその時に、先輩のロールモデルがいないということはマイナスだと考えすぎないようにしましょう。

先輩がいてもいなくても、今は新しい女性の働き方が始まっているのです。今20~30代の女性が新しい女性の働き方を切り拓いているのです。逆に職場に古いタイプの女性の先輩がいて成功していても、ロールモデルにはなりません。私の若いころも女性で勤続して「出世」している先輩はいました。しかし内心自分はあの人たちとは能力も置かれた立場も違う、あの人たちのような働き方、生き方はできないと思っていました。一方特定のロールモデルはいなくても、なるほど女性管理職はこのように振る舞うのか、あの先輩のものの言い方は学ばなければならないというように、たくさんのロールモデルと出会い、その方々から多くを学んできました。

現在は、いろんな企業や組織でたくさんの女性がそれぞれのやり方でどんどん成功しています。いろんな成功モデルが生まれているのです。これから職場で働いていく女性も誰か一人、特定のロールモデルを求めるのではなく、自分の能力、気質、家庭環境、置かれた立場からいろんな先輩女性のいろんな長所、うまいやり方を学ぶのがよいのではないかと思います。ロールモデルは女性だけではありません。男性ロールモデルからも多くを学ぶことができます。

私も尊敬する男性たちの振る舞いからは、なるほどこんなに勉強するのか、部下とはこのように付き合うのか、なるほど権力者にはこのように振る舞えば距離を置きつつ尊重されるのか、といった「学び」と「気づき」がたくさん得られました。

むしろべったり特定のロールモデルに入れ込むのは、未熟さの表れではないでしょうか。多くのロールモデルの良いところから少しずつ学びたいものです。

尊敬できる先輩に気持ちを伝える

ロールモデルと同じことがメンターにも言えます。長い間、男性はキャリアの初期に出会ったメンターの引き立てで成功していくのに対し、女性はそうしたメンターになかなか出会えないのが問題と言われてきました。年長の成功している男性がメンターになるのは、対象の若者に自分の若い日の面影を見出し、将来の可能性を感じてサポートしようと思うからです。しかし男性は、女性に対してはそうした気持ちは抱きにくいでしょう。また男女関係のスキャンダルになるのは困るので親しくしないようにしようということもあり、自然のメンター関係は生まれにくいのが現実です。

最近は、いろんな企業が社内メンター制度を作っており、それは女性たちに新しい気づきを与えているようです。しかし、それでも私は本来のメンターは、偶然の出会いから生まれるものだと思っています。こちらからメンターになってほしいと頼むのではなく、相手が「見どころがあるな」「一生懸命やっているな」と思ってはじめてメンター関係は成り立ちます。

私も多くのメンターのサポートによって仕事を続けることができました。そして、その出会いの多くは偶然でした。

誰かメンターになってくださる方はいないかときょろきょろするより、一生懸命仕事に打ち込んでいると、その過程で出会いが生まれます。もし万一、尊敬できる上司や先輩に出会ったら、とてもラッキーです。

そして、どうしても必要な場合だけその人に相談し、アドバイスを求める。ベタベタしてはいけません。

女性が働き続けるうえで重要なのは、メンターよりもスポンサーです。メンターというのは後見人とかアドバイザー的な役割を果たし、精神的な支援を与えてくれる人ですが、スポンサーというのは仕事を助けたりポストを与えたりと、直接いろんな便宜を図ったり引き上げてくれたりする人です。組織の内外で影響力を持っている人でないと、スポンサーにはなれません。スポンサーも求めて得られるとは限りませんが、良いスポンサーがいると、いい仕事をするうえで大きなアドバンテージになります。

組織人としての第一歩は上司を尊重することから

組織で仕事をしていくうえで、組織人のルールとマナーを知っていくことは不可欠です。知らないで摩擦を起こすか、知ったうえであえてルールに反することを行うかは大違いですから、ここで基礎的なマナーを復習しておきましょう。

職場は、仲良しクラブではありません。個人としては気の合う人もいれば虫が好かない人もおり、いろいろな価値観を持つ人が折り合ってチームを作り、一緒にひとつの業務を成し遂げていくための組織です。そのためにはお互いが組織のルールをわきまえておかなければなりません。それは組織で働くために最低限不可欠な素養です。

男性たちは採用されたのち公式の研修だけでなく、飲み会などのインフォーマルな場で先輩からこうした組織人のイロハを叩き込まれるのですが、女性にはそうした組織人としての基礎を教えられる機会は少なく、せいぜい仲良しグループの噂で職場の風土を知るくらいでした。

組織人として働く女性にどのような心構えを教えればよいのでしょうか。まず、職場は学校と違って仕事をする場と覚悟することです。

たとえば、初めの一歩はポストの上の人を尊重することです。部下のほうが最新の知識を持っている、若くてかっこいい、情報機器を使いこなしている、学歴も高いとしても、係員は上司である課長や係長には礼儀を持って対応しなければなりません。親しいからといってため口をきくなどというのはもってのほかです。敬語でなくても少なくとも丁寧語は使います。またレポーティングライン（連絡、報告、意思疎通の系統など）を無視してはいけません。たとえ部長のほうが話をわかってくれる理解者だとしても、課長を飛ばして直接部長に話をするのは、してはいけない職場の「掟破り」です（どうしても破る場合は理由づけが必要です）。

また直属上司の職務命令は、原則としては従わなければなりません。少なくとも面と向かって反論したり、無視したりするのはNGです。上司のメンツを立てながら「こうしてはどうでしょうか」「あの件を参考にさせていただきます」など、自分のやり方をつけ加えるにしても、上司としてのポストに敬意を払うべきだというルールはわきまえなければなりません。

しかし、組織の「掟破り」ではない方法もあります。報告や決裁は職場のラインを通さなければなりませんが、相談は必ずしもそうではありません。とはいえ、最近はメンターが流行で直属上司を飛び越して2段階上の上司にいろいろ相談を持ちかける若手社員（特に女性）がいますが、これもレポーティングラインを乱す可能性があり、直属上司にとっては失礼で不愉快な行動であることを知っておきましょう。メンターを見せびらかすなどもってのほか、常識外です。

それと自分が今どこにいるか、何をしているかを上司や周囲に伝えるのも組織人のイロハです。「あれ、いなくなっちゃった。どこにいるんだろう」などという行動は、職場に慣れてきたとしても、組織人としては許されません。私用の時も、仕事で席をはずす時もどこに行く、どこにいると一言断るかどうかで印象はかなり変わります。緊急の場合（そうたびたびはないにしてもいつ起こるか予測不能です）に連絡がとれるようにしておくのが組織人のたしなみです。

職務命令にすぐ対処するのは当然ですが、頼まれごとも時間がある時にしようというつもりで、そのまま何日もたなざらしにしておくのはよくありません。そのままにしておいても事態が改善することはないのですから、できるだけすぐにアクションを起こすべきです。そのうちに、と机の隅に置いていたら、ほかの書類と紛れてわからなくなったとか、あれはどうなっているかと相手から聞かれてあわてるとか、先延ばしにしていていいことはほとんどありません。

さらに大事なのは、公私の区別です。石原慎太郎元東京都知事は、「新銀行東京」の設置で数百億円もの都民の税金を無駄にしましたがさほど批判されず、舛添要一前東京都知事は７０００万円の外国出張の費用より、37万円の家族旅行で批判されました。職場で同僚や友人と長話をする、職務中も携帯電話でメールを送る、などという時間の公私混同、コピー機や封筒などを私的に使う、社用車・公用車を私的と判断される用途に使うなど、どれもひとつひとつは大したことではありませんが、目立ちます。この程度ならいいだろうと続けていると、知らないうちにエスカレートしていってしまいます。蟻の一穴というように、小さいことも見逃さず、公私を峻別するというルールを上から下まで身につけることも組織人の基礎教養です。

女性も組織で生きていく以上、こうした基礎教養を身につける必要があります。

上司の人間性にも目を配る

上司との関係は、職業生活上とても重要です。自分がいくら有能だ、仕事をしていると思っていても、上司が評価してくれなければそれまでです。上司との関係を良くするにはどうすればいいでしょうか。お世辞を言うことではありません。その上司の強みと長所を把握し、上司の強みを発揮できるように心を配り、仕事面では相談し、アドバイスを求めることです。ピーター・F・ドラッカーは「上司をいかにマネジメントするか。実のところ、答えはかなり簡単である。上司の強みを生かすことである」（『経営者の条件』ダイヤモンド社）と言っています。

人事異動でたまたま一緒に働くことになった上司は、おそらく完全な人格者ではない生の人間です。短所もあるでしょうが、必ず良いところもあるはずです。そこを発見し、力を発揮できるようにサポートする。そうしてくれる部下は、上司にとってありがたい存在です。

上司は部下の生殺与奪（せいさつよだつ）の権を握っている怖い存在、自分の出世だけを考えて上を向いていて下には無関心な存在と決めつけ煙たがる人もいますが、できるだけその上司のいいところ、強いところ、得意なところを発見するよう努力しましょう。上司も、部下たちがどこまで真摯（しんし）に仕事をしてくれるかもわからず、どこまで本音が聞けるかもわからずにいる孤独な存在です。部下が自分を尊重してくれている、自分の強みをサポートしてくれていると信頼することができれば、上司は安心して仕事ができます。

男性部下のほうが、「この人は出世するか」「勝ち馬に乗っておこう」と上司の将来の成功の可能性や影響力をシビアに評価して付き合いがちです。一方、女性部下はもっと人間的に上司の良いところを発見し、損得抜きで応援することが多いので、上司の不得意なところをカバーする仕事をします。

しかし、人間は多様ですから、そういう対応をしても女性部下をはじめから軽んじていたり、自分のことしか考えていなかったりする上司もいます。そんな時はあなたに問題があるのではなく、上司に問題があるのです。上司の態度を変えさせようなどとせず、あきらめて淡々と接しましょう。悪口を言って回るのはまずいですが、ひっそり人事異動の希望を出しておきます。

時には見返りを求めない投資を

若い人は自分に投資しなければ成長しません。中年のビジネスマンでも将来を志す人は自分に投資しています。

自分への投資にはいろんなレベルがあります。学費を払って大学や大学院で学び学位を取る（英語では earn the degree「学位を稼ぐ」と言います）本格的なものから、勉強会に参加する、講演会に行く、本を買って読む、などなど。ジムに通って健康づくりをすることも、自分への投資です。自分に似合う洋服を買ったり、髪の手入れをしたりするおしゃれも投資の一種かもしれませんし、旅行したり、映画や音楽会に行ったりするのも自分を魅力的に磨く投資という見方もできます。一口に投資と言っても短期的な効果が目に見えるもの、長期的な取り組みが必要なもの、仕事や収入に直結するもの、間接的に自分の価値を増すものなどさまざまです。

ビジネスをしている人は事業を継続し、利益を上げるためには投資をしなければならないとみんな知っています。同じように、自分への投資をケチっていてはビジネスパーソンとして、組織人として人間として成長できないことも明らかです。自分に投資しない人には将来がないというのは鉄則です。

言うまでもなく、投資には効率の良い投資と効率の悪い投資があります。資格を取るために時間とお金をかけて勉強しても、自分の職場では評価されないとか、収入アップにつながらない効率の悪い投資もあれば、TOEICで高得点を取ったおかげで昇進できるとか、留学できるなど目に見える成果が手に入る資格もあります。女性の中には勉強が好きで、役に立つかどうかは二の次でむやみに資格を取る人もいますが、あまり役に立たないものもあります。できるだけ成果が見える資格を取ったほうが、勉強も効率的に進みます。

自然の中でゴルフをするのが大好きな人は、ゴルフを通じて顧客の接待をしたり、自分の人脈を広げたり、自分も楽しみ、一石二鳥、三鳥で投資効率は良いのでしょうが、好きでもない（同時に上手でもない）のに無理に時間を作って一日つぶして、「これも仕事のうちだ」と思っていやいやプレーするゴルフは投資効率が悪いと言えます。

また自分への投資はわかりやすく、みな熱心に取り組んでいますが、忘れがちなのが、周囲のいろんな人や可能性に対して投資することです。自分を良くしよう、自分を磨こうと一生懸命になるのは良いことですが、それと同時に自分の周りの人を育てる、周りの人を応援することを忘れては我利我利(がりがり)の利己主義者になります。自分の利益や効率だけを考える人間は小さい利益と成果しか上げられません。女性にはぜひ、周囲を「育てる」投資をしてほしいものです。

自分の利益はさておいて困っている友人のために一肌脱ぐ、将来伸びる可能性のある若手にアドバイスしたり育てる手間暇をかけたりする、一生懸命仕事をしている小さな企業を応援する、まだ成功していない芸術家を応援する、というように、自分以外の人にも投資しましょう。その際には自分に将来どれだけ利益が返ってくるかを計算するのではなく、「おう、頑張っているな」「すごいな、なるほど」と感心し、感動する相手に投資したほうが、自分も相手も気持ちがいいのです。ここにもお金が生きる投資と、お金が死ぬ投資がありますす。自分が感動・感心し、見返りを求めずに投資すると、そのお金は感謝され、自分もハッピーになり、おそらく大きな成果を産んで活きます。

私たちが住んでいる社会を少しでも良くするために、ボランティアや寄付をするというのも長い目で見れば投資になります。そうした投資が回り回って自分の周囲を豊かにし、それが自分の人生をも豊かにしてくれるのです。

仕事をするというのは、そうした投資をする機会が増えることです。女性が仕事を持つ意義は、仕事を通して自分が成長するばかりでなく、社会や他の人を豊かにできることだと私は信じたいと思っています。

上司を助けて足場を作る

組織の中で自分より上のポストに就いている人は、自分にない権限を持っている羨ましい存在です。しかし想像力を働かせれば、その上司自身も中間管理職として経営陣の厳しい評価にさらされているはずですし、出世争いの中で何とか実績を上げたいと思っているかもしれません。そうした悩み多き上司が実績を上げるようサポートするのが、部下が上司から評価される秘訣です。おべんちゃらを言ったりゴマをすったりするのではなく、上司が何を求めているか考えて行動しましょう。

悩み、もがいている上司が必要としていることをできるだけ推測し、それに応えるのです。それは顧客サービスと言われるものと似ています。相手がほしいと思うサービスやモノを提供すれば高く評価されますが、相手にとっていらないものはどんなに高品質でも顧みられないのがマーケットの厳しいルールです。上司との人間関係もそれと同じで、上司の必要としていることを提供すれば高く評価されますが、どれだけ時間をかけ一生懸命やっても、必要とされていないことは評価されません。

上司に対してどのように振る舞うかは将来の自分の生き方ともかかわってきます。自分が将来組織から独立して仕事をするのを目標とするなら、会社での評価より「自分の能力」

を養い、社外人脈を作らなければなりません。しかし組織の中で評価されたい、上司（組織内で影響力を持つ有力者）に気に入られたいなら、上司や組織に恩を売っておくことです。「恩を売る」という言葉は品がないのですが、「貸しを作る」「点数を稼ぐ」と言い換えてもあまり違いはありません。上司を助け、上司の率いるチームの一員としてチームの業績を上げるよう努めることが、組織人としての足場を築きます。自分を売り込むより、上司に手柄を立てさせるようにするのです。

具体的にはどうすればよいのでしょうか。ドラッカーは「上司をマネージメントするというのは上司と信頼関係を作ることである。部下が自分の強みに合わせて仕事をし、弱みや限界に対して防御策を講じてくれるという信頼を持てなければならない」と言っています（『未来企業　生き残る組織の条件』ダイヤモンド社）。

例を挙げるなら上司が必要としている時期、たとえば「強化月間」の売り上げを伸ばすよう特別体制で取り組む、上司が必要とする情報を調べて提供する、などです。その情報を上司が彼自身のアイデアのような形で利用しても、全体に役立っているならそれで良しとします。上司は自分の情報を利用しているという子どもっぽい考え方はやめましょう。上司から必要とされていない時はサービスを押し売りせず、求められた時には十分なサービスや情報を提供するなど緩急をつけます。

そして、上司から期待される以上の実績を出す。上司が気づいていない視点やクリエイティブなアイデアが盛り込まれていると、「おっ、こいつはできるな」と認識してもらえます。また、目に見える成果を出せば、おのずと評価は高まるのです。成果は目に見えるものでなければなりません。売り上げの数字、イベントの成功などです。自分ではよくやったと思っていても、客観的な数字がないと認知されません。

中には部下の実績や能力に嫉妬する愚かな上司もいますが、その場合はあきらめて淡々と接します。ダメ上司だ、器が小さいとほかの人たちに言って回らなくても周囲はわかってくれるはずです。フリーランスという働き方では一回一回が真剣勝負で失敗は許されませんが、持続する組織では、相性の悪い上司の下で働くという逆境があっても取り返しがつきます。大事なのは出来の悪い上司と喧嘩したり、感情的に対立したりしないことです。相手が感情的に怒鳴ったりするとこちらもつられて嫌な気分になりますが、「また言っている」と受け流しましょう。出来の悪い上司を矯正することは不可能です。同時に、相手に合わせて自分の価値を下げるのは自傷行為です。出来の悪い上司にどう対処していたかも、周囲に見られています。

辞表を出す前に1週間熟考する

「こんな会社（職場）辞めてやる！」と辞表をたたきつけて辞めることができたら、どんなにすーっとするだろう。

組織で働いている人のほとんどは、1度や2度はこうした思いに駆られてしまった経験があるでしょう。私も何度かそう思ったことがあります。自分の能力や仕事が十分評価されていない、同僚が依怙贔屓されている、学歴や出身を馬鹿にされる、意地悪や仲間外れにされるなどです。仕事に打ち込んでいても（いるから）、職場で怒り心頭のことは山のようにあります。

でも男性も女性も、多くが「辞めても次により良い仕事に就けるという保証はない」「仕事がないと生活していけない」「妻（親）が悲しむだろう」などの理由によって辞表を出すのを思いとどまり、仕事を継続しています。

それは20世紀の日本では転職が圧倒的に不利だったからです。当時の日本では転職は下方移動でした。大企業から中堅企業へ、正社員から契約社員へ、お給料も下がったり不安定な出来高払いになったりしました。それに対して、新卒で入った企業に「石の上にも三年」とばかり我慢していると、徐々に昇進し、お給料も増え、自分のスキルも向上して仕事自体も楽しくなるというケースがよくありました。50歳以上の世代には「忍耐は得」という記憶が染みついています。

しかし、現在の日本では転職をめぐる状況はまったく変わりました。男性も女性も新卒で入った職場で働き続ける人は減りました。転職する人は何か人格的に問題があるのではないか、何か失敗をしでかしたのではないか、トラブルメーカーなのではないかという偏見は少なくなりました。転職して適職にめぐり合う人、お給料が上がった人もいます。

それでも女性はまだまだ転職で成功していく人はまれです。もちろん男尊女卑がこびりついている職場でいくら働いても将来に希望が持てないとなれば、さっさと辞めて自分を活かす機会のある職場に転職するほうがよい場合もあります。ですが、残念ながら今でも女性の転職で圧倒的に多いのは、正社員から契約社員へ、派遣社員へと非正社員になる下方移動のケースです。

辞表を出してアメリカに留学してきちんとした大学院やビジネススクールを出た女性でも、日本企業はほとんど正社員として雇ってくれませんでした。

ではどうすればよいのでしょう。まずマイナスから逃れる転職をしないことです。無能な上司の下で働いていると腹が立つ、嫌なお客がいるから、意地悪な同僚がいるから、携わっている仕事がおもしろくないから、などなど嫌な状況から逃げる転職は失敗する可能性大です。無能な上司から逃げたはずなのに新しい職場でも無能な上司がいる、つまらない仕事が嫌でたまらないから逃げたのに、よそでも予想を裏切ってつまらない仕事が多い、新しい職場でも意地悪な同僚がいるといった場合がほとんどです。

どこにも理想の職場はありません。求人情報をチェックすると美辞麗句が並び、やりがいがあり、きれいで処遇がいい仕事のように書いてあっても実情は違うはずです。転職しても同じような悩みがあると覚悟しておきましょう。

そうではなくてプラスの転職、これをしたいから、経験したいからその仕事に移る、自分の能力、経験を理解している知り合いからぜひにと誘われた、という攻めの転職の場合は成功する率も高いようです。それでも必ず成功するわけではありません。

ましてや、一番失敗の可能性が高いのは次の当てもなく辞めることです。ハローワークや求人誌に山のように求人情報はあふれていますが、自分でこれと思う働き口はそうないはずです。前の仕事で大きな実績を上げたから、きっとどこかから声がかかるだろうと思ったら大間違いです。男性なら仕事を辞めて失業状態だと何かと皆が心配し、次の仕事を紹介してくれますが、女性が仕事を辞めて失業状態でも「何かしたいことがあるのだろう」「結婚か、出産に備えているのかな」と思われるばかりで、自分から頼まなければ誰からも声はかかりません。

誰でも意地悪されたり、誤解されたり、努力が認められないと辞表をたたきつけたくなりますが、そこを深呼吸してやり過ごしましょう。「よーし、1週間後には必ず辞表をたたきつけてやろう！」と自分をなだめましょう。しかし1週間たつと、少し冷静になって周囲の状況が見えてくるはずです。

できるだけ辞表を出すのは延ばし、辞表を出す前に状況を変えることができないか、努力して変わることはできないか考えてみましょう。

第2章

「リーダー」として振る舞う

女性活用の潮流に乗って、多くの職場で女性たちが管理職に就き始めています。「私は管理職なんてイヤ」と思っていた女性たちも、管理職になると自分で決定できることが多くなり、仕事の視野が広がり、仕事相手もこちらを尊重してくれるようになり、給料も上がり、いいことがたくさんあることがわかるはずです。

同時に管理職、特に部下を持つ立場になったら心得ておくべきことがあります。特に、ダイバーシティ・マネジメント（異なる価値観・条件を持つ人の適性・能力を十分に発揮させ、成果を上げる経営）の時代に女性管理職が果たす役割を改めて考えます。ちょっとしたことの積み重ねがあなたを「良いリーダー」にもすれば、「悪いリーダー」にもします。たとえ「図らずも」昇進したにしてもポストに就いた以上は、ぜひ良いリーダーをめざすべきです。

機嫌良く振る舞って周囲を活気づける

リーダーの機嫌は、チームの気分を大きく左右します。私も昔、巨人ファンの上司にむずかしい案件を説明する時には、巨人が勝った翌日を選んだほうがよいとアドバイスされたのを思い出します。上司の機嫌がいいと、スムーズに案件の説明を受けてもらえるのです。上司も人間ですから、機嫌がいいとポジティブに物事を見ることができますが、機嫌が悪いと小さなミスも目につき、欠点や困難さに気がつくのでしょう。

女性管理職は感情的であると部下は恐れています。男性管理職の中には自分が気むずかしく振る舞っていると、部下が気を使い、怒られないように用心深くなり、丁寧に仕事をすると信じている人もいますが、このスタイルは女性向きではありません。女性管理職は自分の感情をコントロールできる安定した人格者であると思われる必要があり、そのように振る舞わなくてはなりません。まだ職場の多くの人は女性管理職に慣れておらず、機嫌の悪い女性上司にどう対応すべきか経験がないので困ってしまうのです。上司の不機嫌はミスを少なくするうえでは効果があるかもしれませんが、前向きなエネルギーは湧いてこず、部下は萎縮(いしゅく)します。

管理職はそのチームのムードメーカーです。上司たるもの部下の前では、生(なま)の感情を出しすぎず安定した人格者という役割を演じるよう努めてください。そして機嫌良く振る舞って周囲を活気づかせます。

そうはいっても管理職とて人間です。自分のひいきチームが勝てば機嫌が良くなり、子どもが受験に失敗すれば心が暗くなります。嫌なことがあるのに愚痴を言わないでいるとストレスがたまる、という人もいるかもしれません。それでも職場では出さないよう努めましょう。

どこかでストレスを吐き出したい時は、自分の好きな音楽を聴いたり、スポーツをしたり、気分転換をすることです。家族や、仕事に関係のない友人に話すなら「聞いてくれるだけでいいのよ。解決策を求めているわけではないの」と断っておかないと、愚痴を聞かされる相手は「俺にどうしろと言うんだ」とストレスが伝染します。

愚痴は器の小さい人と映る

いつも一緒に過ごす部下には、気安く愚痴を言いがちです。しかし、部下に愚痴を言うと、「この上司は器が大きくないな、人間的に未熟だな」と思われます。能力が足りない、嫉妬、ねたみ、不安感にとらわれているという人間としての「器の小ささ」を見せることになります。女性は率直に自分らしく振る舞うほうが、自分を偽ってカッコつけるより人間的で良いと誤解している人がいますが、それは職場では通用しない考え方です。自分の欠点や落ち度を他人に見せて、それを丸ごと受け入れてもらおうと期待するのは甘えた考えです。

ましてや管理職になったら、職場は観客が見ている舞台と同じと心得ましょう。観客には自分の醜いところ、情けないところはあまり見せつけず、少しでもいいところを見せるようにしなければなりません。男性で《大物》と言われる人には、率直に振る舞い、それが人間的魅力になっている場合もありますが、女性の初級管理職が真似すべきではありません。

部下の中には女性上司に我慢できず、反発したり悪口を言ったりする人もいますし、相性の悪い人もいます。その場合には、良い関係はあきらめなければなりませんが、良い管理職として振る舞う努力だけはしてください。

そうは言っても自分の気持ちが嫉妬心やねたみ、不安にとらわれていると、どれだけ表面をつくろってもそれがにじみ出ます。根本的な対処法は自分なりに等身大の自信を持ち、周りの評価に一喜一憂しないことです。とりわけ嫉妬心は自分を低めることだと十分自覚し、自分を甘やかさず矯正する練習をします。

人生ではライバルが成功したり、抜擢（ばってき）されたりすることがよくあります。まずは「すごいな」「良かった」「偉いわ」とポジティブな言葉を発するよう練習します。間違っても「何であの人が……」などと言わないようにします。できるだけ「ライバルはお手本」「私も頑張らなくては」と思い、どこが彼（彼女）の良いところなのか、自分はどこを学ぶべきなのか考える癖をつけましょう。

課長などの中間管理職は、部下から見ると成功者ですが、実は組織の中の一員にすぎません。また、女性登用の流れに乗って昇進した女性の中には、「自分は幸運だっただけで、実は実力はない」という不安を抱えていることが多いのです。しかし、その不安を部下に漏らすことは百害あって一利なしです。自分には与えられた仕事をこなす力がないと謙遜すると、自信がないからだと思われます。組織は自分に何を期待し、何を期待外れだと思っているのか、今までの経験を総動員して把握し、それに応えていくよりほかに良い対処法はありません。信頼できる人に相談するにしても、部下たちには自分が不安で卑屈になっている姿は見せたくないものです。

本当に自分の能力が足りないと思ったら、権限移譲、相談などを活用します。自分の不得意なところを部下に任せ、自分は得意なことに集中してチームの業績を上げるよう努めます。自分がうまくやれる自信のない仕事を抱え込んで全体のパフォーマンスを下げてはいけません。権限委譲すると馬鹿にされないか、取って代わられるのではないかと不安に思う必要はありません。部下の力を見極めて「あなたにチャンスを与えたい」「あなたならできる」と任せましょう。あなたは部下を育てようとする良い上司だと思われます。

部下を活かす

「部下に権限委譲したくとも部下には優秀な人材がいない」と嘆く上司はたくさんいます。部下に教えているより自分でしたほうが早い。部下はひととおりのことはわかっているがどうももの足りない。もっと力のある部下ならば権限を譲れるのだがという声は、組織内に満ちています。

　長い間組織の中で仕事をしてきた者として言わせていただくと、１００％満足のいくメンバーでチームを組んで仕事ができることはまずありません。アメリカのビジネス界では上司がヘッドハントされると部下も一緒について行って助けますし、自分のほしい人材を社内や社外からスカウトして自分のチームを作ることができます。けれども、日本ではまずそういうことはありません。与えられた手ゴマで勝負という組織が大多数です。長い間ひとつの管理的ポストに就いていれば、昔一緒に仕事をして気心の知れている部下を引っ張ってくるとか、少し陣容を整えることはできますが初めは暗中模索です。気心の知れない部下と働かなければなりません。

知っている上司も部下も皆無のところに、落下傘で一人赴任するということもあり得ます。私も埼玉県に副知事で赴任した時も、ブリスベンに総領事として行った時もまったく知った人はいませんでした。

そんな時はどうすればよいのでしょうか。前任者から仕事を引き継ぐわけですが、前任者の評価が高い部下が必ずしも能力があるわけでもありません。まずは部下の経歴や得意技を自己申告してもらいます。自分はこれができる、これがしたいと言ってもらって、それに沿って仕事を割り振ります。しかし、これは組織の風土や個人の性格にもよるのかもしれませんが、本当に能力のある人は自分を売り込まず、最初に自分を上手に売り込んでくるのはいまいち能力、人格に問題があり、前の上司とうまくいかなかった人となりがちです。

3カ月あるいは6カ月ほどたったらそれぞれ初めと違った本音が出てきますから、実績と自己申告を照らし合わせて、体制を整えるのはそれからです。だから最初は暫定的(ざんていてき)なシフトにするか、前の体制のまま様子を見ましょう。

自分の能力に自信を持っている部下はあまり上司にすり寄ってこず、かわいげがない場合が多いですが、そこはしっかりと見極めるよう努めます。部下の能力、適性を発掘するのは上司の大きな務めです。

能力があっても人間関係が上手に作れないとか、評価されなくてふてくされているとかいろんな欠点はあっても、実は可能性を持っている人材はたくさん埋もれています。それを発掘するためには、日ごろから部下たちと接する機会を増やすのが第一歩です。本人自身の声を聞きましょう。一人一人が自分なりに夢や目標を持ち、欠点もあるが長所も持つ、誇りと可能性のある存在なのだと理解して対処するうちに、人材は発見できるはずです。学歴が良いのに評価されていないと腐っている部下、仕事にやる気がなくてふてくされているように見える部下の中にも、人材はいます。

どれだけ誠意を尽くして人材を探してもいない時はどうすればよいでしょうか（現実にはそれが大部分でしょう）。グーグルの人事担当上級副社長のラズロ・ボックの『ワーク・ルールズ！ 君の生き方とリーダーシップを変える』（東洋経済新報社）によれば、①仕事に意味を持たせる ②人を信用する ということによってモチベーションを上げることができるといいます。責任者は目標を示し、具体的なやり方は部下に任せる、方針決定のプロセスを明示する、評価を公平に行い、皆がその評価に納得できるようにする、というのはあらゆる場で通用する黄金ルールです。

与えられた部下という手ゴマを立派な人材に変え、成果を出すのが管理職の組織と部下に対する貢献です。

叱る時は限定的に冷静に

部下を叱るのは気が重いものです。成果が上がって、良かった良かったと感謝して、よく頑張ったと部下を誉めてさえいればいいなら楽ですが、そうはいかないのが職場です。日々いろんなトラブルが起こります。

部下も失敗しようとしているわけではありません。できるだけミスをしないように、問題が生じないように処理しようと努力をしていても、失敗はつきものです。部下がそうしたミスを犯した場合、管理職は「何でこんな大事な時に限ってミスをするんだ」「へまをするんだ」と頭に来てしまいます。頭に血が上って怒鳴りつけたくなります。しかし、感情的になり、問題解決につながらない叱り方は管理職失格です。

ミスや失敗があった場合は、まずそのミスや間違いを指摘し、二度とそんな失敗をしないように反省させ、責任を自覚させるのが上司の仕事です。かわいそうとばかり間違いを見過ごしてはいけません。自分で部下の失敗をカバーしていては仕事の質を落とし、上司への尊敬を失わせ、ひいては顧客の信用も失います。部下のミスは修復させるか、謝罪させるか、きちんと叱って対応しなければなりません。

叱る場合のポイントは戦線を拡大せずに、その場で具体的にそのミスだけを叱ることです。子どものしつけと同じです。「あなたってまたこんなことをしでかして、前もこれこれあんな失敗をしたでしょう。この前の見積書も単純ミスがボロボロあったし、注意力散漫というのは仕事に真剣に取り組んでいないしるしです。真剣に取り組んでいないと言えば電話の応対も前から気になっています。あの口のきき方は失礼です。誠意がないと受け取られます。だから……」とどんどんエスカレートしていくと、本当はミスをして反省すべきところが、なんてくどいのだろう、いやみばかり言って、と反感ばかり持つことになってしまい反省に至りません。

叱る時は対象を明確に、具体的に指定して叱ることです。人格にかかわること、自分の好き嫌い、相手に対する全体的な評価を交えてはいけません。冷静に叱る、これがポイントです。叱るというのは理性によって相手を戒（いまし）め、教え諭（さと）す行為です。次につながるアドバイスを含めて叱り、一緒に失敗の原因分析をするようにします。場所やタイミングも考えましょう。人前で叱るのは本人を傷つけます。できるだけ1対1で叱ります。また、あまり時間をおいて叱るとピンボケになってしまいます。まだ記憶が鮮明なうちに叱りましょう。

部下のミスは自分のミスとされ、自分の評価にも響いてきますから、上司が心穏やかでないのは当然です。それでも怒ってはいけません。自分の保身のために怒っているのだ、手柄が上げられなくて悔しいのだと、上司自身が自分の利害を気にしているのが見えると、部下は上司の叱責を素直に聞かなくなってしまいます。

女性の管理職が自分自身に自信がないと、事態は悪化します。「この部下は、私の経験や能力が足りないのを軽んじて、しっかり取り組まないからミスをするのだ」「前の上司や同僚と比べているのだろう、だからこんなミスをしても涼しい顔をしているのだ」と考え、自分の感情をコントロールできなくなって怒ってしまっては、管理職落第です。叱るのが悪いのではなく、怒って感情をむき出しにするのが悪いのです。

逆に、女性は叱られると相手が嫌な気持ちになるのではないかと遠慮して、言うべきこと、指摘すべきことを言わないでやり過ごすこともあります。しかし、失敗を見過ごしていては他のメンバーの士気も落ちますし、部下はまた同じ失敗をするかもしれません。しっかり失敗を指摘し、その対応にどれほど資源を投入したかを認識させるのが管理職の仕事です。

でも部下の中には、まれに箸にも棒にもかからない人もいます。単に成績が悪いだけならば、原因を見つけ克服できる可能性がありますが、態度や性向はなかなか変わりません。何度言っても同じ失敗を繰り返す、外部の人とトラブルを起こす、叱ればふてくされるし、やさしく対応すればなめてかかる、きびしくすれば音を上げる、などのような相手に対しては、具体的にどんなミスをしたか、どんな言動をしたか、時間と場所を含めてきちんと記録しておきます。人事評価の時、人事異動をさせたい時、単に能力がない、態度が悪い、素直でないと言っても説得力はありません。具体的なエビデンス（証拠）が必要です。できるだけ人事異動が決まる前に、情報としてその部下が戦力になっていないことを人事当局者にやんわり伝えておくのです。しかし、そうした部下はどこへ行っても持て余されているでしょうから、「我慢して抱えておいてくれ」と頼まれてしまうかもしれません。その時は、「代わりに増員してくれますか」と聞きましょう。部下のミスに対する怒りの感情におぼれず、冷静にメモして相談すると、説得力があります。

部下に対しては、心理的なゆとりをもって臨まなければなりません。

謙遜はほどほどに

自分のファッションやお化粧には自信を持っている女性でも、仕事のうえでは「自分はまだまだだ」と謙虚なことが多いようです。具体的な事務スキルでは自信を持っていても、組織の中の動き方や経営には自信を持ちきれないのです。謙虚であるのは良いことですが、度が過ぎてはいけません。特に部下たちのためには。

ある小売チェーンで働くA子さんは、会社の繁忙期にチームで休日出勤や残業もいとわず業務をこなし、期待以上の成果を上げました。すると会社は高く評価して特別ボーナスを出してくれました。

A子さんはその時に「別に大した仕事をしたわけではありません。ボーナスありがとうございます」と受け取るだけで、アピールする絶好の機会にどれほど部下たちみんなが頑張ったかを伝えることも、人員増加が必要だと訴えることもしなかったのです。「ご褒美」以上を要求もせず、部下たちの努力もアピールしませんでした。

実は私も自分がこれをした、あれを成し遂げたと自慢するのは好きではないですし、上手でもありません。しかし、管理職あるいはチームの責任者たるもの、チームの成果、部下の貢献の売り込みはやるべきで、やらなければならない重要な仕事です。

自分の手柄を言い立てると日本の職場では違和感を持たれ、反発されがちですが、自分ではなく部下の手柄をアピールする上司は評価されます。

部下への評価で器が問われる

まじめな努力家だけどいまひとつ要領が悪くて成果が上がらない部下と、頭がよくて有能で業績は上げるけれど生意気な部下のどちらが、上司からの評価は高いでしょうか。日本の伝統的な組織では前者のほうが、性格がいい、人柄がいいと高く評価されがちでした。

人間が感情に動かされず合理的な判断ができる理性的なホモエコノミクスならば後者が評価されるでしょうが、生身の人間には好き嫌いがあり、相性があります。客観的に能力や業績だけで他の人間を評価するのは極めて困難です。女性は、好き嫌いが大きいと見なされがちです。部下を持つ立場になったら、有能な部下を活用できてこそ、業績が上がると認識しなければなりません。

厳しい評価が行われるアメリカの組織では、客観的で公平な評価をするために双方向評価をする、評価の基準を明らかにする、評価に対してクレームが言えるなどの仕組みが工夫されています。日本の企業で成果主義・業績主義がなかなか根づかないのはそうした人間の特性を配慮して、客観的基準を明らかにするとか、複数の人間が評価するとか、双方向の意見交換をするといったシステム設計が十分行われなかったからです。

しかしそうした仕組みが整っていなくても、自分が部下を評価する時はできるだけ自分の好みだけに動かされず、客観的に説明できる基準で行うべきです。そうでないと自分の気の合う人間ばかりが評価が高くなり、不公平になります。仲のいいお友達とだけ群れていると確かに楽しいのですが、大きな組織を運営するにはふさわしくありません。

自分が課長や係長なら、気心の知れた部下と仕事をするほうが気持ちよく働けるかもしれませんが、部長や部門長、役員、社長となっても自分の好みの人材ばかり集めていると、組織は金太郎飴のように同じような価値観の人間ばかりになり、そこからずれた有能な人材は違和感を覚えて離れて行ってしまいます。そして誰も反対意見を言わない、誰もチェックしない組織になってしまいます。

現実には生意気でかわいげのない部下が有能である場合が多いのですが、有能である事実は受け入れましょう。部下に対して、自分の有能さや業績を振りかざさず謙虚に振る舞えとか、かわいげを見せろとアドバイスすることはできますが、かわいげのない部下の長所も公平に評価するよう努めなければなりません。

とかく人は地位や年齢が下の人に対して自分のほうが仕事をよく知っている、経験がある、有能だと思いやすく、部下の能力を軽く見がちです。あるいは自分よりスケールが大きく、有能である部下を受け入れることができず、快く思わない傾向があります。

松下幸之助氏、本田宗一郎氏のようなたたき上げの創業者は有能な部下を虚心に受け入れ、彼らの能力を十分に発揮させて事業を成功に導きました。政治家で言えば田中角栄氏も、自分よりはるかに学歴の高い官僚の長所を尊重し上手に使いこなし、知識のうえで彼らに負けないよう競争するということはありませんでした。ところが、なまじ自分のほうが学歴が高く教養がある、頭がいいと思っていると部下の良いところを引き出せません。

先に挙げた人たちは天才だからと言ってしまえばそれまでですが、普通の職業人も自分より優れた部下をいかに使いこなせるかで人間の「器」が試されます。鉄鋼王として大成功したアンドリュー・カーネギーは自分の墓に「自分よりすぐれた者を活用した男、ここに眠る」という旨の銘文を刻ませたといいます。

女性は男性の部下に「私も有能なんだ」「馬鹿にされないように」「いいところを見せなければ」と力むより、自分と異なる能力・長所を持つ男性たちを尊重し、しっかり能力を発揮してもらうようにしましょう。それが新しいリーダーシップの型です。

部下を売り込む

有能な部下はとてもありがたい存在です。自分の意を理解して動いてくれる部下がいると、分身がいるようで自分の力が倍増します。自分の不得意な分野をカバーしてくれる部下、気がつかない視点を持って動いてくれる部下がいるとチームの力は飛躍的に高まります。

そうした得難い部下は、できるだけそばに置いておきたいのが人情です。しかし、部下の将来のキャリアを考えるといつまでも引きとめておくのがベストとは限りません。彼（彼女）の長い将来にとってプラスの人事異動の打診があれば、拒否し続けないことが大事です。アメリカではたとえ大企業でも部下は直属上司に忠誠を尽くし、上司が異動する時は部下も引き連れて移動しますが、日本の管理職は評価はできても人事権を持っていません。日本の組織では、部下のキャリアのすべてに責任を持つのはむずかしいのです。

民間企業はもう少し人事のサイクルが長いようですが、私が長く勤務した中央省庁の場合平均2年で異動します。誰がどのポストに就くかは直属上司ではなく、官房人事課が仕切ります。有能な部下はどの組織でもほしがりますから、いろんなところから声がかかります。それを引きとめることは、組織の中で影響力が強くないとできません。

組織にはいろんなルールがありますが、力のある人の意向なら通ります。しかしいつもルールに従わない人事の希望を通していると横車を押していると思われ、信頼が低下します。特別な時だけに限定して希望をしっかり通しましょう。

それでは、特別頼りになる有能な部下ではないが、そこそこ働いてくれる部下に対してはどう対処すればよいのでしょうか。あの人はまじめだ、有能である、性格が良いと社内に売り込むことが必要です。彼がこの仕事を担当して成績を上げたと人事部局に伝えましょう。目立つ実績のない部下には性格がいい、一生懸命仕事をしていると誉めましょう。

普通レベルの部下を出来が悪い、気がきかない、無能だと批判している上司は、チームリーダーとしての資格がありません。そういうリーダーの下では部下はますますやる気をなくします。それよりできるだけちゃんと働いている普通の部下を、少し良いポストに異動させるよう側面から応援しましょう。

自分の前任者が良いポストに異動したという実績は、後任者の士気を高めます。その仕事がとびきり魅力的でなくても、あそこはしっかり働けば良いポストに異動する登竜門だというような評判が立つと、みんな喜んで来てくれます。

個々人への関心と共感をさりげなく伝える

私は、職場の上司や同僚や部下の個人的な事情にはあまり立ち入りません。本人が自分から言わない限り、配偶者の学歴や勤め先も聞きません。本人が配偶者や家族の学歴や職業を誇りに思っていればこちらが聞かなくても自分から言いますし、言いたくないのに聞きたがるのは失礼です。子どもが受験に失敗した、夫が失業したなど言いたくない情報を聞き出す必要はありません。これはセクハラやパワハラ以前の人間としてのマナーだと思います。

しかし、小さい子どもがいて夫と分担して週3回は保育園に迎えに行かなければならない、親が介護を必要としている、夫が単身赴任で月に1回だけ帰ってくる、子どもが不登校になった、などという働き方にも影響のある家庭事情は知っておいたほうがよいと思います。

女性の部下の中には、そうした個人的な事柄を話すのが嫌という人もいますが、上司はそうした働き方に影響する事情は把握しておきたいものです。嫌がられないで個人の事情を申告してもらうにはどうすればよいのでしょう。普段の人間関係、普段のコミュニケーション次第と言ってしまえばそれまでですが、日ごろから、職務にかかわる家庭の事情、個人の事情については率直に教えてほしいと公言しておきましょう。半期に1度ぐらいの面談の機会に、特別な家庭の事情があるかどうかを聞いてもいいかもしれません。そして、子どもが小さい間は転勤させないなど、個人的事情には仕事に支障をきたさない範囲で、できるだけ配慮します。何より大事なのは、そうした事情をかかえている女性への共感とねぎらいの気持ちをさりげなく伝えることです。

大げさに「○○さんは親御さんの介護があるから大変ね」と人前で大きな声で言ってほしくないと思っている女性に対しては、「いつもよく頑張っているわね。偉いわ」と、ひっそりねぎらいの言葉をかけましょう。「育児中は、勤務時間短縮ができるからいいわね」などと羨ましげに言う言語道断な人もいますが、「今は大変だろうけれど、すぐに子どもは大きくなるからね」などと励ます言葉があると、女性たちはどれほどうれしいかわかりません。個人の事情を大げさにとらえて人事異動が必要とか、「彼女は残業ができないんだ」と特別に騒ぎ立てなくても、ちょっとだけ負担を減らすよう配慮する、頑張っている彼女の事情を理解し、大変さに共感して励ますという温かさは、当人から感謝されるに違いありません。

女性管理職は自分に厳しく、育児中も精一杯頑張ってきた人が多いので、特に女性の部下には「甘えちゃだめ」「あなたも頑張りなさい」と言いがちですが、それはNGです。若い部下たちは育児休業、短時間勤務は「権利」だと思っているのです。「権利」を振り回されるとムカッとするのが人情ですが、短時間勤務の「権利」をいやいや与えるのではなく、快く行使してもらうほうがお互いにハッピーです。

家族でなく本人が慢性の病気や、健康上の問題を抱えている場合も、プライベートな情報ですから言いふらしてはいけませんが配慮は必要です。これからは男性でも親の介護の責任があるとか、家族の問題を抱える人が増えていきます。さりげなくそうした部下の個人の事情に関心を持ち配慮するのは、管理職の基礎的な人間力です。

マネージャーよりリーダーをめざす

リーダーの大きな務めは目標設定です。私は内閣府男女共同参画局長のころ部下たちに、20世紀の組織の強さはお金（予算）と人数（定員）と権限をより多く持っているかどうかで測られるが、21世紀の組織は高い目標を持ち、多くの人と協力でき、多くの良質の情報を持っていれば強いのだと言って部下たちを鼓舞していました。それは予算も定員も権限も少ない新設の局のトップとしての理想でした。この「強さ」の変化は、あらゆる組織に当てはまると思っています。リーダーの最大の仕事は明確な、そしてメンバーが共感できる目的・目標を掲げ、部下がそれに向かってみずから挑戦できる環境を作ることです。

ところが、部下を持つ管理職の中には自分のチームの目標を自分で提示するのではなく、上から与えられた目標をそのままチームの目標にしている人がいます。まさに、右から左に伝えるだけの中間管理職です。それはリーダーではなくマネージャーです。マネージャーでも良きマネージャーなら上からの目標に対して実情を伝え、目標を修正するよう働きかけてチームとして納得のいく目標にします。

アメリカの経営学者のジョン・P・コッターはマネージャーとリーダーを次のように定義しています。「マネージャーとは計画立案と予算の策定、組織化と人材配置、コントロールとオペレーションを任務として行い、確実性と秩序を構築する。それに対してリーダーはビジョンを掲げる、ビジョンに向かって多様な人材を整列させる、メンバーの意欲を高揚させ、大規模な変革を成し遂げる」（『リーダーシップ論　いま何をすべきか』ダイヤモンド社）。

組織が順調に発展している時はマネージャーばかりでもいいのですが、現在のように将来が不透明で多くの人が働く目的、働き方に不安を感じている時はそれぞれの組織でそれぞれのリーダーが必要になります。女性たちもぜひ志を高く持って、マネージャーではなくリーダーをめざしましょう。

もちろんリーダーばかりでは組織は動きません。組織が機能するには多数のマネージャーとしてのスキルを持った人が必要です。しかしマネージャーとしての任務に没頭するだけでは、未来を拓くことはできません。ぜひ女性管理職も、目線を上げてリーダーとしての目も持ってください。

そのためになすべきことは、そのチームの大目標を考えぬいて明確に設定することです。それはチームの全員が理解できるもので、簡単に変更するものではありません。たとえば顧客から信頼される〇〇、最高の技術の〇〇、など抽象的なスローガンで皆を奮い立たせ、誇りを持たせるものです。

その次のレベルの目標は、具体的な業務目標と言えます。いつまでにこの支店の売り上げ10億円をめざす、次の店舗をオープンすることをめざす、というように、時間と明確なミッションを提示します。そしてそれが組織全体の中でどういう意味・意義を持つか、大目標とどこでつながるかを伝えるのがリーダーの役目です。

もちろんその目標を遂行するための時間、資金、材料、周囲の協力態勢も必要ですから、マネージャーとしてはそれを調えなければなりません。そして部下の努力、貢献、成果をしっかり認めることです。もちろん昇給や昇進も重要ですが、それは必要条件です。それに加えて部下を上司がしっかり評価していること、感謝していることを認めて誉める（心のボーナスを出す）ことが大事なのです。職場への不満は報酬や労働時間など労働条件に向けられますが、やる気を持てるかどうかは精神的な動機づけによるとアメリカの臨床心理学者のハーズバーグも言っています。やる気を高めるリーダーをめざしましょう。

嫉妬されても成果をきちんと出す

どんな職場でも他人のやり方を批判する人、人の成功をねたむ人はいます。管理職に就く女性は、ある程度それは覚悟しておきましょう。その時に、むきになって批判に応えようとしたり、反論したりする必要はありません。もちろん間違いや誤解があればきちんと指摘し、反論します。しかし、基本は「また言っている」くらいに聞き流し、あまり心をそこに向けず、落ち込まず、今やらなければならないことをしっかり成し遂げることに努めるべきです。自分に何か落ち度があったり悪いことをしているから批判されるのなら対応のしようもありますが、管理職になったということ自体を批判されるのは放っておくよりほかありません。第1章でも触れたとおり、すべての人から「いい人だ」と思われるのは不可能です。

そうは言っても、ついどう言われているのか気になってしまうのが人情ですが、努力して「そんなことを考えている暇があったら仕事をしよう」と頭を切り替えます。これも自分のメンタルトレーニングです。

外の噂に心を煩わせるより、チームの力を高めるにはどうすればよいか考えましょう。部下たちにどのように接するかはいろいろな方法があります。自分なりのスタイルを持ちましょう。ある女性リーダーは魅力的な言葉で部下を力づけるのが得意かもしれませんし、別の女性リーダーは面倒見の良い親分肌かもしれません。しかし何にもまして部下を納得させるのは仕事の上で成果を出すことです。

プロジェクトが成功する、売り上げが伸びる、与えられたミッションを成し遂げる、いずれにしてもそれによって部下はリーダーを尊敬し、その人について行こうという気になります。もちろん中には肌が合わない、何を言っても反発するという部下もいるかもしれませんが、それは無視するしかありません。何度も言うとおり、ものごとを進める時に、すべての人が心から賛同して協力してくれることはありません。目に見える成果を出すことを第一にめざしましょう。それはチームの内部で人心掌握の工夫をするより大事です。
誤解してはいけないのが、人心掌握の目的はチームでいい成果を出すことであり、自分が皆から尊敬されたり、大事にされたりすることではないことです。部下から好かれて居心地よく仕事をすることが人心掌握の目的ではありません。チームの成果を上げることが目的です。内部で部下から大事にされている内弁慶ではなく、外で通用する成果を出すことです。部下が胸を張って「うちの課（グループ）はこれこれのことをしました」と言える仕事をすることです。

そのためにはどうすべきでしょうか。広く情報を集め、メンバーの意見を聞き、判断し決断するのが上司の役割です。何が必要で何が不要か、気が遠くなるほどたくさんある選択肢の中から選択し、集中する決断が日々求められています。

選択の基準はもちろん調査やコスト計算などの客観的な数字が元になりますが、そのうえで自分の基本的なポリシーに基づき、優先順位をつけなければなりません。たとえば利益が最優先課題か、顧客のニーズを優先するのか、社員の安定した労働条件を優先するのか、会社のブランド・信用か。決断したあとも情勢、条件が変わります。日々厳しい局面で決断を行い、成果を出していき、失敗したら責任を取ります。状況の厳しさがわかっていれば、内部の対立やメンツ、上の評価を考えている暇はありません。みんなが納得している目標に無私で取り組んでいる、そうしたリーダーに周囲は敬意を払い、ついて行こうとするのです。

問題の対処は管理職の務め

個々の知識やスキルは部下のほうが詳しいとして、管理職がしなければならない仕事は何でしょうか。平常時は出番がなくても、非常時は管理職の出番です。

たとえばクレームへの対処です。これは部下たちには気が重い仕事です。新しい企画を立案する、むずかしい課題にチャレンジするという前向きの仕事なら少し残業が続こうが、意欲を持って楽しく仕事に取り組めます。しかしクレームへの対処、訴訟への対処、事故処理などはすでに起こってしまった過去の出来事の後始末であり、どこまでやれば相手に納得してもらえるかわからず、精神的に疲れてしまいます。上司もこういう仕事は楽しくありませんから、部下に権限を委譲し、「すべて君に任せるよ」と逃げがちです。しかし任せられた部下は、そうしたクレーム対応だけ任されても、本当の権限、プラスの権限がなければつらい仕事です。

もちろん、クレームは顧客の本音を聞く得難い機会であり、今後の改善工夫のシーズ（可能性の種）がいっぱいです。クレームの意義を納得し、きちんと処理するスキームを作るべきです。クレームは、担当する部署があるでしょうからそこに任せておいてもいいですが、最終的に謝らなければならない時はできるだけ上の責任者が出向き、誠意を持って対応するべきです。

まず問題が起こったら直ちに情報が責任者に伝わらなければなりません。これは普段の信頼関係がものをいいます。嫌な報告をすると「何でこんな事件を起こしたんだ！」と報告した本人を責めたり、「私のせいでないのに、何でこんなことで責任を取らなくちゃならないの」などと言ったりする上司は失格です。上司の機嫌の悪さを見せつけられると、部下は悪い話は上に伝えず、隠して自分たちで処理しようとします。まずは悪い話を持ってきた部下に「よく話してくれた、ありがとう」と受けるべきです。日ごろからそうした習慣が確立していれば、部下は嫌な話でも伝えてくれます。

また、自分たちのミスや不祥事は自分のチームだけで抱え込まず、上にも情報を上げておきます。その際に決して下手な隠しだて、情報操作はしないことです。

大きな不祥事なら記者会見をセットし、その時までに明らかになった情報を公開し、対応策も説明しなければなりません。そうでなく顧客の個人の了解、許しを求めるべき事案なら事態を正確に掌握するための情報を集め、そのうえで責任者がすぐに出向き誠意を持って対応します。こちらのミスや責任なら、しかるべき賠償・交換もしなければなりません。どうしてもこちらにはミスはない、ここは将来に禍根(かこん)を残さないようにこちらの言い分を主張しなければならないという場合は、明確に相応の対応をしなければなりません。

いずれにせよ問題が起こった時に上司がいかに振る舞うかで、部下の上司に対する信頼は大きくもなれば、崩壊もします。どれだけ日ごろ部下を誉め育てようとしていても、いざという時に責任を取らないで逃げようとする上司に対して、部下たちは「この程度の人なんだ」と見切りをつけます。逆に前面に立って責任を持って対応する上司に対しては、その上司に対する尊敬や信頼が深まるだけでなく、「この人のためなら」と部下たちのモラル(やる気)も高まります。危機にこそ人間の真価がわかります。

若い部下から教えてもらう素直な姿勢を持つ

上司はあらゆる面で部下より優れていなければ馬鹿にされると思い込んでいる女性管理職がいます。確かに経営者も、この女性は管理職になったら活躍してくれるだろうと期待して登用し、部下も、この人は特別に登用されたのだから、さぞ優秀だろうと期待します。その期待を裏切らないように当人も努力することで、一皮むけて大きく成長することもたびたびあります。

それにもかかわらず、技術や経営環境が時々刻々と変わる中で、若い部下、すなわち現場でその仕事に直面している担当者が一番情報を持っている、時代の変化を受け止めているということがしばしばあります。そうした部下にホットな情報を聞くのは少しも恥ずかしいことではありません。むしろ部下たちは、自分の担当している仕事に関心を持ち最新の情報を得よう、技術を理解しようと努める上位者に好感を持つはずで、馬鹿にすることはありません。それより部下の担当分野を十分知らないのに知ったかぶりをすることが一番敬意を失わせます。別の分野では、部下のできないことができるのだという実績があれば、部下はちゃんと尊重してくれます。

特に年齢を重ね、地位が上がると自分から意識して現場の人や、若い人にいろんなことを聞くように努めることが必要になってきます。自分が若い時は後見人になってくれるようなメンターとの出会いや、お手本とするロールモデルがキャリアで成功するために大事です。しかし、ある年齢以上になったら、若いアドバイザー、自分の知らないことを教えてくれるリバースコーチを持つことが重要になります。若い部下をリバースコーチにしましょう。

私の30年来の友人であるルーシーは「ファッションや音楽・芸術だけでなく、仕事のうえでも若い人の感覚を吸収しないと時代からおいていかれる」と言って、信頼する数人の若い人を自分の心の中でリバースコーチと位置づけ、いろいろ聞いているそうです。

もう自分は年上で経験者なのだから、偉いのだから、今さら若い人にこんな初歩的なことを聞いたら恥ずかしいと思っていると、どんどん知らないことや理解できないことが増えていきます。

部下に率直に教えを請うことのできる上司は、「話を聞いてくれる人だ」「この問題に関心がある」と好感を持たれます。もちろんそれを聞きっぱなしにするのでなくしっかりメモし、さらに本を読んで理解を深めないと、「何度も同じことを聞いている。やっぱり新しい課題についていけないのだ」と本当に馬鹿にされてしまいます。

若い人に教えを請い、それを理解し身につける努力のできる人は、どんなに年をとっても社会に必要とされ、貢献できる存在になれるでしょう。

自分を高める仕組みを作り、互いに確認し合う

自分を甘やかさず努力を続ける、というのは言うは易く、行うは難いものです。そのために意志の力を強くすべきだと精神論を言っていても始まりません。リーダーをめざす人は継続できるような仕組み作りが必要です。

具体的には1週間、1日の目標、なすべきことを見える場所に書くのをバカにしないでください。働いていると、ついつい目の前の処理すべき仕事に追われて大事なことをしていない場合があります。私は縦軸に緊急度、横軸に重要度を十文字に書いた紙に、今週しなければならないことを一人一人がリストアップすることをお勧めします。

①重要で急いで処理しなければならないこと
②それほど大事ではないけれど、急いで処理しなければあとでトラブルが起こるかもしれないもの
③重要だけれど緊急性がないもの
④重要性も緊急性もないもの

④の仕事は最小限に減らしましょう。①はどんなに大変でも必ずしなければなりません。問題は②と③です。どうしても②を優先し、③をあと回しにしがちです。

自分を高める読書や勉強はどうしてもあと回しになりますので、意識してそのうちのひとつでもふたつでも継続的に実行するようにしましょう。そして、できれば急ぐことはなくても将来につながる重要な仕事をする時間を作っていきましょう。与えられた仕事だけをするのではなく、経営の全体像を把握し、自分の立ち位置を理解し、自分のキャリアの将来像を持っていなければ、毎日のあわただしい時間の流れの中で自分を見失ってしまいます。「職場の研修はつまらない」と言わず、活用しましょう。

自分一人の勉強は、どうしても自分を甘やかしてしまいます。そのため、親切な友人とチェックし合うというのもいい方法です。たとえばお互いに「できた？ まだ？」と声をかけ合うだけでもいいでしょう。あるいは「朱に交われば赤くなる」という言葉があるように、自分が「いいな」と思える友人、仲間、先輩の中に身を置き、その話を聞く、その行動を見る機会を多くするといい刺激になります。リーダーになったら、社外のいろんな勉強会に参加しましょう。良い先輩、尊敬できる人にめぐり会えるように、心のアンテナを磨いておくときっといい出会いがあるはずです。

自分を甘やかしている人の中にいると「ま、いいか」と自分も自分を甘やかしてしまいます。その意味でも社会人入学をして大学院や資格取得のための勉強をしている仲間の中に身を置くのは、いい刺激になります。インターネットの無料サイトやテレビなどを利用して無料で勉強する方法はたくさんありますが、あまり長続きしません。現実に入学金や月謝を払うと、サボるのがもったいないので勉強を続けるうえでいい励みになりますし、仲間に出会えるので長続きするのです。

役職者の目線に立つと、期待される役割が見えてくる

組織の中で仕事をする時に必要なのは、自分がどういう立場でどういう任務を果たすことを期待されているかを把握していることです。今自分のなすべき最優先の課題は何か、それを達成するために何が必要か、です。部下は自分がしたいこと、できることを仕事にしたがる傾向がありますが、それは任務をこなしたうえで行うべきです。自分の任務は何か考えて、そのうえで上司の見方をすり合わせます。少し地位が上の立場から仕事や職場の人を見ると違った光景が見えてきます。社員や初級管理職の目線では見えないものが、上からは見えています。

『「夢」が10倍実現する5つの教え』（三笠書房）の中に、自分では一生懸命働いているつもりなのに評価の低い社員が、上司が自分に期待している任務を具体的に書き出しても

らったことで目が覚めて、自分がやるべきことが見え、劇的にパフォーマンスと評価が上がった例が紹介されていました。「自分の仕事はこれとこれ」と思い込みで決めつけてしまわず、上司や先輩に聞いてみましょう。自分に期待されている役割は何か、客観的に見る目を持つと見当違いの働きをしなくなります。

もちろん他人に聞くだけでなく、自分が果たすべき役割は何か客観的に考えることも必要です。その際、立場を変えてみると視野が広がります。上司は何をめざしているのか、そのために部下にはどうしてほしいと思っているのか、と想像力を働かせましょう。それによって上司からの信頼は格段に向上するはずです。

たとえばチームの責任者としての役割でも、小さなチームの責任者の係長、主任と、もっと大きなチームの課長、部長では、それぞれのポストに期待される役割は違います。

部下の長所短所を把握するだけでなく、性格や成育歴、家庭状況まで把握することは部下が20人ほどの課長ぐらいまでは可能ですが、部下が100人、200人になるとむずかしく、名前と顔を一致させるのがせいぜいです。その場合はチームの中の責任者を把握するよう努め、個々の対応は彼らに任せます。しかしチームが全体としてどのような性別・年齢構成で、学歴や専門性はどうで、どのような強みと弱みを持っているかという基本情報は把握しておかなければなりません。またそうした大きなチームの責任者は情勢の判断、目標の提示や管理など別のミッションが期待されているはずです。

与えられるポストによって異なる役割が期待されていることを認識し、その役割を果たすよう努めましょう。

お勧めしたいのは、直属上司より2段階上の役職者の目で仕事を見てみることです。直属上司の立場で部下や仕事を見るのもお勧めですが、それよりさらに上の人はどう考えているか、想像してみましょう。自分の担当業務外の財務担当者は、とか広報担当者は、など別の部局の人が自分の仕事をどう考えているかはなかなか想像しにくいですが、自分の直属2段階上の上司がどんな仕事をしているかは見当がつくので、彼らがめざしていることも想像がつきます。ぜひ上からの目で自分の仕事を見てみましょう。

すると、自分の立場からは重要で深刻なことが小さく見えたりして、自分の仕事の意味を改めて考える契機になると思います。

一方、管理職は平社員よりはるかに経験や情報も多く、権力を持って何でも見通している存在ではなくて、日々の決断を迫られ、責任を取らなければならない孤独な存在だということも知っておきましょう。その孤独な管理職の立場で見れば、部下には自分の決断を助ける情報をもっと入れてほしいとか、自分の決断に自分が気づかなかった別の視点を加えてほしいと期待していることがわかります。あるいは自分が下した決定、自分の掲げた目標を達成するために、全力を挙げて取り組んでほしいと部下に期待していると理解できます。そうした上司の立場をわかって応えてくれる人は、単なる部下ではなく参謀であり、同志です。

参謀や同志は、上司をもり立てるために頭を絞ります。そうした部下がいてくれるかどうかで上司の仕事の成果も左右されますが、精神的にもとても救われ孤独ではなくなります。私も公務員時代、そうした優秀な部下に助けられました。でも、中には自分を売り込むことだけに熱心な部下もいましたし、自分の仕事でいっぱいいっぱいで上司を支えようなんて考える余裕などないという部下もたくさんいました。

もちろん上司たるもの、部下が何をしてほしいか考えることも必要です。部下は楽して給料が多ければよいと願うだけでなく、もっと認められたい、向上したい、誇りを持ちたいと願っているのです。女性リーダーも、そうした相手の立場になって考える習慣を持ちたいものです。

「余人をもって代えがたい」仕事はない

「この仕事ならうまくやれる」「この仕事が好きだ」というポストに就いている時に人事異動で別のポストを提示されると、もう少しこの仕事をやりたいと断る女性がたくさんいます。私でなければこの仕事はできない、別の人ができるはずがないと思いたい気持ちはよくわかります。自分なりに勉強し、努力し、経験を積んでそれなりの水準の仕事ができるようになったのですから、その仕事に誇りと愛着があります。

実は私も20代の後半、それまで青少年関係の仕事をしていたところに婦人問題の部署へ行くよう人事異動を提示された時はびっくりすると同時に残念に思い、何とか今のポストにとどまりたいと言ってしまいました。それまでの3年3カ月の間に『青少年白書』を2回書き、全国から集(つど)った200人以上の青年を船に乗せて海外に行く「青年の船」にも乗り、国際調査も手掛け、自分では青少年問題について日本で一番詳しいつもりでした(まったくのうぬぼれです)。何よりも婦人行政は経験がなく、労働省(当時)からその分野の専門家がたくさん異動してくる中でちゃんといい仕事をする自信がなかったからです。しかし結果として婦人問題、女性政策は、私のライフワークになりました。あの人事異動が私のキャリアの大きな転機でした。

組織の中で仕事をしている人間は、どれだけその仕事が好きでうまくこなしていても「余人をもって代えがたい」という存在ではないと、覚悟しておかねばなりません。自分の後任は、自分とは違うやり方でその仕事をこなしていくのです。

逆に今、居心地が良く、自信を持って仕事をしているポストが未来永劫に居心地が良いままか、仕事の内容が変わらないか、何よりもその部署が存続するか、誰にもわかりません。自分の能力を認めていてくれた上司が異動してしまって人間関係が変わることもあるでしょうし、新しいシステムが導入されて自分の得意な仕事がなくなるかもしれません。大きく見れば社会経済は刻々と変化しますから、そのポスト自体がなくなったり、組織が変わったりすることは想定しておかなければなりません。

個人としてもいつまでも居心地の良いポストにしがみついていると、「化石、恐竜、落ちこぼれ」となる可能盛大です。「日常化した毎日が心地よくなったときこそ、違ったことを行うよう自らを駆り立てる必要がある」（『非営利組織の経営』ダイヤモンド社）というのはドラッカーの言ですが、この言葉をかみしめてください。

女性は管理職に就きたがらない、人事異動を断ると困っている企業は多いのですが、その背景には、これまで女性たちが職場で認められるためには「余人をもって代えがたい」

存在にならなければいけなかったことが影響していると思います。しかし時代は変わり始め、女性のキャリア形成の機会は急拡大しています。女性自身も、今のポストや仕事に固執してはいけないと考えを変えねばなりません。そのためにも、今の自分の仕事を抱え込まず、後輩や部下に少しずつ譲り渡していくことです。それによって自分の仕事に余裕もできますし、より高い目線でその業務を見ることもできるようになります。自分の後継者が育つということは自分が「余人をもって代えられる」ことですが、それを恐れず、自分が新しい地平を拓く準備をしましょう。

まず大きな目標を掲げます。目標があると生きている希望が生まれます。それを目に見えるところに書いておくと心にそれが刻み込まれ、迷った時の指針になります。1年、3年、5年の目標はぐっと具体的になり、夢ではなくて、なすべき仕事のリストになります。資格を取ろう、大学院に入ろう、再就職しよう、本を書こう、などなど。言うまでもなく宝くじに当たったらいいなとか、素敵な異性に出会えますようにという運頼みの願望は、目標ではありません。

私的な目的で会社を利用しない

会社のお金を着服したら横領です。自分の関係する企業に便宜を図り、リベートをもらうのは背任です。このような小悪を犯す人は人間的に問題があるのははっきりしていて、なかなかトップのポストには就きません。

明確な背任ではなくても、自分の利益、あるいは名声を得るために会社を利用している幹部に対して、社員は冷たい目を向けています。女性も自分のキャリアアップ志向が正面に出すぎると、反発されます。

最近の若い世代には会社を利用して自分のステップアップを図るべきだと主張している人もいますが、こうした態度は周囲に反感を持たれます。自分の経歴のために仕事のえり好みをしているな、自分の人脈を作るために動いているなということがわかると、周囲や部下の協力は得られません。皆が納得する理由づけが必要です。

私は公務員時代から本を書いていましたが、決して職務上知り得た情報は使わぬように、現職のうちはそのテーマを扱わないようにと強く自制していました。それは職業人としてのマナーです。二足の草鞋(わらじ)を履くのは楽しいことですが、けじめをつけていないと批判や攻撃にさらされます。女性管理職はまだ珍しがられ、マスコミから声がかかることもあるでしょう。それは得難い機会ですからどんどん受けていいのですが、謝礼金は受け取らないとか、有給休暇や就業時間外に対応するとか、つまらない批判をされないように気をつけなければなりません。

ましてやトップに立ったら、全身全霊を捧げて仕事に打ち込めば、部下はついてきます。自分の利害を忘れて今のポストに打ち込んで仕事をする上司に、部下はついて行くのです。現在の仕事で実績を上げたら次のポストが偶然やってくるかもしれませんが、それをあてにして仕事をしてはいけません。

言うまでもなく自分の夫や親族が経営している企業との取引については細心の注意を払い、後ろ指をさされないようにすべきです。職業人は、大きなお金を扱う経営判断が間違うことより、私利私欲をもって行動した時に厳しく糾弾されます。

新たなステージを恐れない

若い新入社員は配属された部署で責任ある仕事を与えられ、それをこなしていくうちに成長していきます。良き上司、先輩との出会いが未経験な若者を育てます。

同じように管理職やミドルになっても人間は新しい環境に投げ込まれ、新しい責任を持つことで成長します。もちろん成長しないでいつの間にかくたびれた中年、さえないミドルになってしまう人もいます。年齢を重ねるほど、地位が上がるほど包容力が増し、決断力が増し、人間としての魅力を増し成長していく人と、そうでない人の差はどこから生まれるのでしょう。

最近はキャリア開発が大学教育でも注目を集めていますが、学生時代、若い時代だけでなく人々はいろいろな節目を経て成長していくと考えられています。アメリカのノースカロライナ州のCenter for Creative Leadership（略称ＣＣＬ®）が成功している企業幹部に実施した研究調査や、関西経済団体連合会（略して関経連）の調査によれば、成長は非連続的で、特別な経験——新規事業の立ち上げの責任者、海外転勤など困難で経験のない仕事をした——を機会に、一回り大きな人間に脱皮することがあるようです。

そうした経験をする機会を従業員に与えて脱皮を促すことが組み込まれているような社員教育に熱心な企業もありますが、多くは個人個人がその経験をどのような態度で受け止め、どのように対応したかによって成長が異なります。たとえば左遷・降格などのつらい経験も、ある人はそれで腐って意欲を失い、すねて成長どころではない場合もあります。一方、ある人はそうした状況でも人のせいにしたり、与えられている責任から逃げたりせずしっかり受け止めて不遇の間に自分の守備範囲を広げる勉強をしたり、新しい飛躍の種を見つけたり、人との出会いを広げたりして成長しています。

臨床心理学者だったウィリアム・ブリッジズは、人は「終焉（何かが終わる時期）」「中立圏（混乱や苦悩の時期）」「開始（新しい始まり）」の3つのステップを踏んで成長すると言っています。ある段階で満足している人は、新たなステップに足を踏み出すことができません。悩み苦しむことは、次へのステップです。

有名なピーターの法則によると「組織成員は無能レベルまで昇進する」と言われています。それはあるレベルの仕事を十分できたら上のポストに昇進し、そのレベルでも十分成果を上げたらさらに昇進するが、ある段階になるとうまくこなせなくなり、結果として無能ぶりをさらけ出すということです。見方を変えると、ある仕事に挑戦し、それが容易にこなせるようになると学ぶものがなくなるので、意識して新しいステップを踏み出さなければ進歩がなくなるということです。そういう段階になったら、世界的に高名な組織心理学者であるエドガー・H・シャインが言っている「キャリア・アンカー」は自分にとって何なのか自問し、自分の人生とキャリアを見つめ直すことが必要でしょう。

①自分は何が得意か

②自分はいったい何をしたいのか
③どんな仕事をしていると、自分が社会に役に立っていると実感できるか
女性も、新しいステップに踏み出すことを恐れていては成長が止まるのです。

第3章

部下を育てるためのヒント

女性が次々と管理職に登用されていますが、彼女たちの多くは自分自身が責任者として「女性ならでは」の能力を発揮し成果を上げなければと意気込んでいます。しかし、管理職の重要な仕事のひとつは部下を育てることです。女性は「育てる」ことが得意な人も多いのですが、今までの日本の職場では、女性たちは十分その適性を発揮していないようです。女性の新しいリーダーシップのひとつとして、男女の部下を育てるヒントを、この章では述べます。

仕事の割り振りは適性に合わせる

多くの女性は上司との関係より、部下や後輩との関係で苦労しているようです。
「自分が上司に気を使い礼儀正しく接するほどには、部下たちは自分を尊敬せず礼儀正しく接してくれない」「仕事を頼んでも時間がない、人手が足りないと言ってすぐに取りかからない」「きちんと成果を上げてくれない」と困っている女性管理職はたくさんいます。その根底には、部下は自分の仕事の能力を疑っているのではないかという自信のなさがあります。

男性管理職の多くは、自分に力がないから部下たちが指示に従わないのではなく、部下に問題があると考えます。たとえば、部下が知識・技術がない、マナー教育が身についていない、意欲がないなどと考えます。女性は、部下が働いてくれないのは自分に能力がないからだと自分を責める傾向があります。管理職、あるいは上司は個々の知識や能力で部下より優れている必要はなく、チームの長としての成果を上げるという責任を果たせばよいと割り切りましょう。

年配の男性部下の中には、女性上司というだけでアレルギーを持って嫌悪感、拒否感を抱いてしまう人もいますが、そういう人はそっとしておくよりほかありません。一方、若い人たちは偏見はないですが、経験もなく、仕事をバランス良くこなす力が十分でないので頼りないため、教え育てていかなければなりません。

もちろん、一人一人の部下は異なる性格、経験、志向、家庭環境にあります。年齢だけではまとめることはできません。チームの規模にもよりますが20人以内の少数のチームなら年齢、家族構成、学歴、職歴、特技などをしっかり頭に叩き込みましょう。そのうえで、できるだけ早く話す機会を作ります。みんなと1対1で話せるといいのですが、それが無理ならランチを3、4人でするなど雑談の時間を作りましょう（男性上司なら飲み会でしょうが、女性は時間のない場合が多いので）。雑談は何を話してもいいのですが、「自分はこのチームでこういう仕事をしたい」「一人一人の部下のキャリアの成功を応援したい」というメッセージを伝えるようにしましょう。

そして、どんなに雑談をしていてもわからないのが、仕事をする能力です。いくら性格の良いナイスガイでも仕事はダメというケースもありますし、逆に性格は悪いがスキルはすごい場合もあります。得意技もそれぞれ違うはずです。理想はそれぞれの部下の得意技、専門能力を十分発揮してもらうことですが、なかなかそうはうまくいきません。しばしば少数の性格の良い能力のある人に仕事は集中し、できない人は仕事が来なくてぼんやり過ごすことになります。

重要度、優先順位の高い仕事は能力のある人に任せるにしても、重要度の劣る仕事、優先順位の低い仕事は少し心もとない人に任せるなど配分を判断するのが責任者の仕事です。間違っても、自分がしたほうが早いしうまいからと部下の仕事をしてはいけません。

多くの女性管理職が陥りやすい罠は、部下や後輩に仕事を割り振ろうとして「時間が足りずこれ以上できません」「私にはむずかしくて無理です」と断られると、自分で仕事を抱え込むことです。部下より自分がするほうが早くても、やり方を教え、今部下がしている仕事の優先順位をつけてこちらを先にやってくださいと指示すべきです（人事や上司と交渉して係員を増やす案もありますが、これは多くの組織ではなかなかむずかしいでしょう）。

部下には仕事のゴール、期限、目的などをできる限り具体的に明確な言葉で伝えます。「できるだけ早く丁寧に」なんて無理を言わないことです。部下ができないと言ったら、時間が足りないのか、人手が足りないのか、やり方がわからないのか聞いて対応策を考えます。部下が仕事をやりやすいように障害を取り除くのは、マネージャーの仕事です。

しっかり結果を見て、それを評価し、外部にアピールするのが上司の役割です。

叱る言葉にも愛の裏打ちを

部下を動かすには叱るより誉めるほうが効果的だというのが定説となり、「さすがは君ならではの仕上がりだね」とか「期待していた以上の成果を上げられるのはたいしたものだ」など誉め言葉を工夫する上司も多くなりました。それはもちろん部下に注意を向け、部下の力を引き出そう、部下に頑張ってもらおうとしているのですから、無視されたり批判されたりするより部下もいい気持ちになります。

賞賛の言葉の力は偉大です。女性は男性より誉め言葉を言うのが上手な人が多いのですが、誰にでも当てはまる一般的な誉め言葉は、上滑りして心に届かないことは覚えておきましょう。

マニュアルどおりの美辞麗句や、名言集にある誉め言葉より、愛情を持って相手を思いやる気持ちがあるかどうかが一番大事で、それが人を動かします。逆に言えば、どれだけうまいことを言っても、部下を誉めれば感謝してくれるだろう、もののわかった人だと尊敬されるだろうという下心を見透かされてしまうと、「またうまいことを言っている」と思われるだけです。

私は『修証義』という書にある愛語という言葉が好きです。「愛語というは、衆生を見るに先ず慈愛の心を発し、顧愛の言語を施すなり（略）面いて愛語を聞くは面を喜ばしめ、心を楽しくす、面わずして愛語を聞くは肝に銘じ魂に銘ず」と書かれています。相手に本気で良くなってほしい、人間として成長してほしいとする愛に裏打ちされた言葉は、相手に通じる、それも面と向かって言わなくても間接的にでも相手を感動させ心を動かすという意味です。

子どもや学生と違い、大人を相手にするのですから表面的に誉めても心に届きません。日ごろの相手の行動や仕事の仕方を覚えていて、頑張りや努力していることをちゃんと見ているよと伝えるようにしたいものです。そのうえでの誉め言葉なら、相手には伝わります。また誉めるだけでなく、注意する、叱る愛語もあります。きちんと相手のために言うべきことを言いましょう。相手の成長、成功を願い、そのうえでの苦言、注意、叱責なら反発されることなく、受け入れられるはずです。誉めるだけが愛語ではありません。

過程の評価もおこたらない

最近の若い者は（……と言うのは老化現象ですが）少子化の中で、親からも学校の先生からも大事にされ、いろいろな配慮や保護に包まれてきました。たとえば、上司が命じたことを部下が成し遂げることは「当たり前」ですが、部下は「言われたとおり頑張って完成したのだから、偉いでしょう」と、誉められることを期待しています。子どものころに、お母さんや先生の手伝いをして「見て、見て。できたでしょう」と言う心理と同じです。

そこで、上司と若い社員の間に気持ちのギャップが生まれます。彼らは、苦労知らず、現実知らずでコミュニケーション能力も未熟のまま年を重ねています。誉めてくれない人は苦手で、気心の知れない人とは雑談や世間話さえできない若者が増えています。

職場の上司、先輩と何を話せばいいのかわからない、上司、先輩は自分が興味を持っていることに興味があるかどうかわからないと遠慮している若者も多いのです。繊細な彼ら（彼女ら）は余計なことを言って相手から無視されたり、批判されて傷つくのを恐れているのかもしれません。

　そういう消極的な部下には、自分のほうから働きかけなければなりません。先輩や上司はでんと構えていれば後輩や部下のほうから働きかけてくると思うのですが、それは過ぎ去った昔のパターンであり、今の後輩・部下には通じません。自分から働きかけないで、相手に話しかけられるのを待っていたら、自分の周りはちょっと図々しく売り込みのうまい人だけということになりがちです。

「彼を知り己を知れば百戦殆（あや）うからず」——これは中国古代の孫子の言葉ですが、今も多くの場で引用されます。部下は敵ではありませんが、なにより相手のことを知らなければ何も始まりません。まず相手、今どきの若手社員について知ることが大事です。

　ではどう働きかければよいのでしょうか。まず相手に興味と関心を示すことです。一番のとっかかりは部下の顔と名前を覚えることです。ハーバードのビジネススクールでは教員たちがクラスの学生60～70人の名前と顔を覚えるため、学期が始まる前に顔写真とにらめっこしていたのに感心したことがあります。日本では学生の名前も知らないまま、覚えようともしない教員もいるのに比べ大きな違いです。

次は言葉かけです。上司、先輩のほうから名前の意味を聞いたり、姓から出身地を聞いたりすれば話題が広がります。「今日は机がすっきり片付いているわね」「風邪引いているのに頑張っているのね」「礼儀正しい話し方をしているわね」と相手の日常の立ち居振舞いや仕事の取り組み方に少し気をつけて「見ている」ことを伝えましょう。

ポイントは、良い成果が出るのを待っていて結果を誉めるのではなく、その過程を見ていることを伝えることです。それは相手に迎合したり、おもねったりすることではありません。相手のことを気にかけているというメッセージです。見ているぞ、関心を持っているぞということがそれで伝わります。そのうえで後輩・部下が何に興味と関心を持っているのか、何が得意なのか、どんな仕事をしたいのか、自分のほうから聞くのです。自分の仕事で忙しくてそんな暇がないという態度では、後輩・部下との距離は開いたままでしょう。

ダイバーシティ・マネジメントというのは、一人一人が持っている異なる適性・能力を発揮させることです。そのための第一歩は、一人一人を知ることです。昔のように、同質で「みんな一緒」ではない社員を相手にするのです。

ある程度の情報、たとえば今までの仕事歴や学歴などをきっかけに相手への期待を表明すると、それが近づくきっかけになります。「○○のポストでマーケティングの分野では実績を上げたそうだから、ここでも期待しています」「なかなかねばり強い仕事をすると聞いています」とポジティブに表現することで、相手への関心が伝わります。「あなたは前の職場では問題児だったらしいわね」といった悪い情報は、面と向かって言う必要はありません。

言葉は馬鹿丁寧にする必要はありませんが、職場では後輩・部下に対しても丁寧語を使いましょう。○○ちゃんと言うのは親愛の気持ちを表しているつもりかもしれませんが、馴れ馴れしすぎて本人だけでなく、周りの人も居心地が悪くなります。これは好みでしょうが、女性が男性の後輩に向かって○○君と君づけで呼ぶのに抵抗感を持つ人もいます。男女とも姓で「さんづけ」で統一したほうがシンプルで、私は好きです。

このように言うと、部下を育てるのはそんなに面倒なのか、それなら管理職にはなりたくないという女性がいるかもしれません。しかし、これは人間として当然の配慮です。子どもを育てるのと同じで、部下が育ってくれるのはうれしいことです。男性管理職より女性管理職のほうが、部下を育てるのは本来上手なのではないかと思います。コミュニケーションを楽しみながら、強力なチームを作りましょう。

男性部下にはプライドに配慮したアドバイスを

女性管理職は男性部下とどのように接すべきでしょうか。

女性だからといって気を使いすぎる必要はありませんが、組織人としての配慮は必要です。

たとえば同期に入社した仲間も年月がたつと、昇進に差がついてきます。知らない人が出世していても平気なのに、同期やよく知った仲間が昇進すると心穏やかではおれないのが人情です。女性が先に昇進すると、想像する以上に男性は傷つきます。男性は、競争心が強いのです。本人が負けたくない、悔しい、しかしそれを外に知られるのはまずいと思っている時は、余計なことを言わずそっとしておきましょう。

互いにウマが合わない間柄の部下同士がいたら、どちらか一方だけを誉めるのではなく、もう一方にも「あなたの頑張りはよくわかるわよ」というように本人の頑張りを認めるように努めます。部下は誉めてさえおけばよいと、通り一辺のリップサービスするのではなく、微妙な立場の部下それぞれにふさわしい必要なアドバイスを付け加えましょう。

部下の誰かが成功したら、誉めるのに遠慮はいりません。皆で大喜びする音頭を取りましょう。反対に、部下の失敗は上司にとって腹立たしいことですが、第2章の「叱る時は限定的に冷静に」で述べたように冷静に1対1の場で「叱る」、教える態度で臨みましょう。

また、ライバルに相対（あいたい）するにはどこに気をつけるか、心の持ち方、考え方はいかにあるべきか、自分の経験に基づく意見を伝えましょう（押しつけにならないように、「参考にならないかもしれないけれど」と一言添えたうえで、「私はこう考えるようにしたけど……」と言う程度）。

たとえば、同期に先を越された部下には「自分をいじめないで」「先は長いのよ」「今やるべきことは何？」と視点を変えるように伝えます。

今の若者は上司のアドバイスなんて聞きたがらない、年長者の意見に反発するだろうと決めつけて、言うべきことを言わないのは責任逃れです。押しつけがましくないように、表現は工夫しなければなりませんが、きちんと伝えるべきことは言いましょう。若い部下たちも、自分に関心を持ってもらい、愛語をかけてもらうのを待っているのです。

部下の男性社員の不得意な部分のカバーの仕方をなにげなく教えるのも大切です。「女性部下を誉める時は仕事の成果を見なさい。外見を誉めたらだめよ」と女性社員への接し方や話し方など参考になることを伝えます。公式な席での振る舞い方などを教えてあげましょう。自分が不慣れだ、不得意だと思っている分野のアドバイスは、素直に受け入れます。

プライドの高い男性社員はなかなか本音を見せませんが、そういう男性と胸襟を開いた信頼関係を作ろうなどと考えず、まず仕事に限定した信頼関係を築けば良しとしましょう。男性部下から心から尊敬されようなどと高望みをせず、「仕事を思い切りさせてくれたい上司だった」ぐらいに思ってもらえればいいのです。

指示を明確に出しチーム力を上げる

トップダウン型のリーダーは、しばしば「自分が率先して課題に取り組んでいる姿勢を見せれば後ろ姿で部下は理解し、上司に続けと頑張ってくれる」と思い込みがちです。ところが、それでは後ろを振り向いたら誰もついてきていなかったということになります。チームメンバーには明確な指示が必要です。言わなくてもわかるだろうというのは過大な期待で、チームリーダーとしては失格です。

何をいつまでに何のために行うのか、具体的にどこに注意すべきかを伝えなければ部下は途方に暮れてしまいます。明確に指示を出すというコミュニケーション能力は部下を持つ人には不可欠な能力です。しかもそのうえで「うまくいっているわね」「問題はないかしら」というフォローの言葉をかけなければ、部下は思うようには動いてくれません。

このような努力を続けているうちに、気のきいた部下は自分で何をしなければならないか理解し、率先して動いてくれるようになります。それを繰り返すうちに、言わなくても当たり前のこととして動いてくれるようになります。そうなったらチームの力は飛躍的に強化されます。これが部下を育てるということです。

特に仕事の指示を出す時にはそれが全体の中でどういう意味を持つのか、目標は何か、どんな軽い作業でも全体としてめざしているのはこういうことで、この仕事はそれにこうかかわっているのだと伝えなければなりません。意味・意義がわからないまま与えられた任務をこなすのと、何のためになぜこれが必要か理解して取り組むのとでは部下の士気はまったく異なります。精密で正確な仕上げが期待されているのか、活きが良くタイミングを外さないことが不可欠なのか、といったことも相手が納得するまで伝えます。相手が納得していなければ伝えたことになりません。

とりわけタイムリミットを伝えるのは大事です。本当にいつまでに仕上げなければならないのか、はっきり伝えます。私もギリギリで仕事をする癖がだんだん知られるようになると「さばを読んだ」締め切りが提示されますが、それではタイムリミットの効果がなくなります。

仕事には、相手を納得させるためのもの、とりあえず期限までに仕上げなければならないもの、絶対的に高い水準が期待されているものなどさまざまあります。それに応じた仕事の仕方を伝えなければなりません。

私の公務員時代、国会答弁用の原稿作成は、タイムリミットを守るのが命でした。国会の前の大臣説明に間に合わなければ、どんなに立派な文章を書いても意味がありません。情報をしっかり押さえるのが大事で、文章は紋切り型でも大臣に自分の言葉で補ってもらうほうが良い答弁になります。しかし法案や政令の説明、各省との計画作りの場合は正確でなかったり、あいまいな文章だったりすると相手に突っ込まれますから、用心深く準備しなければなりません。どの課題にどう対応するか判断し、それを担当者に伝えるのが管理職の役目です。

それぞれの職場でそれぞれの仕事の要求水準を、発注者である上司と受注者である部下が共有していなければ良い仕事はできません。

知識とスキルの習得は実践を通して

部下を育てるには、仕事を与え責任を持たせるのが一番効果的だと言われます。仕事を通じて人は学びます。旧大蔵省が30代前半の若手キャリアを第一線の税務署長に出し、警察庁がやはり若手キャリアを警察署長に出して責任者としての仕事を経験させたのは、エリート教育としてとても効果がありました。経験は人を育てます。しかし失敗すると組織も当人も大きく傷つきますから、若い人に経験を積ませるには準備が大事です。

準備とは、その職務が必要とする知識やスキルを身につけさせることです。女子社員登用のポイントは準備です。「やる気があれば何でもできる」「自信を持って頑張れば道は拓ける」といった精神論だけでは乗り切れません。一般教養全般も身についていたほうがいいに決まっていますが、何といってもその職務を遂行するための情報やスキルを持っていないと自信を持って仕事ができません。

いきなり素手で職務をこなせとほうりだすのではなく、前もって必要な専門分野の知識、現在の経営情報、財務諸表の読み方の基礎知識、パソコンのスキル、企業の人事体系などを身につける研修や、せめて資料を渡して必要な情報整備をします。

とかくやる気があって上昇志向の強い若い人たちは地味な勉強を嫌がり、基礎的なスキルをバカにします。人より効率的にアピールできる知識を身につけようと急ぎがちです。しかし「神は細部に宿る」と言われるとおり、基礎を人任せにしていると本質的な問題も見えなくなります。「責任者だから細かいことは知らなくていい」ではなくて、「責任者だからこそ細かいことも理解しなければならない」と知識とスキルの必要性を認識させましょう。

では、どうしたら若い人たちに知識やスキルが身につくのでしょうか。

「やってみせ、言って聞かせてさせてみて、誉めてやらねば人は動かじ」というのは連合艦隊司令長官の山本五十六の名言です。この言葉は、組織で部下を持つ人すべてに示唆を与えてくれます。海軍といえば上官の命令一下、一糸乱れず素早く行動する集団というイメージがあります。そういう海軍でも現場では上官がまず率先垂範し、お手本を見せることが必要です。ところがそれを見てひとりでに部下も進んで動くと思ったら大間違いです。さらに部下に勘どころを言って聞かせ、そのうえで実行させる。しかも誉めてあげるアフターサービスまでしなければ、思うようには動いてくれません。知識やスキルの習得もこれと同じです。

教科書を与え、研修に出し概論を把握したところで、それがそのまま知識になるわけではありません。実地に何度も使う機会を与える、その中で忘れたり、あやふやだったりして失敗したところはリカバーする。それを繰り返すことで知識やスキルが本当に身につくのです。効率的な勉強法の本を何冊読んでも、ダイエットの本を読破しただけでは体重が減らないのと同じで、実践しなければ知識もスキルも身につきません。今、大学でアクティブ・ラーニング（思考を活性化する学習形態）が導入され、効果を収めていますが、一方的に教えられるより、実行することで知識が身につきます。

今まで女性社員は、良き部下として与えられた職務や教えられた仕事をきっちりこなすことが期待されてきました。これからはその段階にいつまでもとどまっているのではなく、自分で責任を持って仕事をし、部下を育てる役割も果たすリーダーになることが期待されています。

責任を与えて大きく伸ばす

少しずつ機会を与えることで自信がついてきたような部下には、今度は責任を与えましょう。

一般に責任を持つと、人は大きく伸びます。前に紹介した財務省や警察庁の例のとおりです。そうは言ってもいきなり機会と責任を与えるのではなく、準備が必要だというのは先にも述べました。

上司にとって悩ましいのは、責任のある仕事をさせたいと思う部下にもさまざまなタイプがいて、そのタイプによって反応が違うことです。指示待ち型の部下は、この仕事を任せると言われてもそんなに喜びません。「もっと詳しく指示を出してください。具体的にはどうすればいいのですか」などと言いかねません。自分で考えて最後まで責任を持ってやれと言っても迷惑がる可能性大です。そういう部下はいくら勤続年数が長く、年齢を重ねてきていたとしても、無理をして大きな責任を与えるより、アシスタントとして具体的に指示に従わせる仕事のほうが向いているでしょう。

一方、やる気があって自分は何でもできる、何でもどんどん仕事を与えてほしいという張り切り型もいます。それに知識とスキルも備わっていればいいのですが、意欲だけ満々で、実力のほどはいささか心もとない部下に対しては、上司はちょっと考えてしまいます。本当に任せて大丈夫かな、と。しかし仕事を与えないと落ち込んだり、すねたりしますから仕事は与えなければなりません。その際には、相談相手になるようなベテランをそばに配しておくとか、定期的に報告を求めるなどの予防措置が必要です。

こうした指示待ち型、張り切り型の中間にはさまざまなバリエーションがあって、教科書どおりに権限と責任を与えればすぐさま成長するとは言えません。しかし、権限と責任を与えなければいつまでも成長しないのも確実です。特に女性たちが入社当時は男性より成績もやる気も高かったのに、いつの間にかその輝きを失っていく大きな理由のひとつには、入社後女性に権限と責任を与えないことがあります。それによって経験が積めないだけでなく、やる気も失います。意欲と能力のある女性には権限と責任を持つ経験が不可欠です。女性部下が将来立派な職業人となるよう、しっかり育てるのは女性管理職の大きな役割です。

立派な学歴の女性が意欲や責任感がなかったり、たおやかに見える女性が野心的だったり、人は見かけによりません。性別だけでなく、学歴や、年齢、国籍・出身地などによって決めつけないで、個人差を十分把握して対応することがダイバーシティ・マネジメントです。

失敗はうやむやにせず責任を明確に

権限と責任を持たせた仕事がうまくいって成功体験を得ると、人間は自己評価が上がり自信を持ちます。逆に失敗すると自信を失い、それがマイナスのスパイラルを生んで「負け癖」がついてしまうことがあります。できるだけ失敗はしないほうがよいのですが、失敗も本当は貴重な経験です。

実は私も、成功からより失敗からのほうが大きな学びがありました。失敗は悔しい、苦しい体験です。なぜ失敗したのだろう、どこが悪かったのだろう、どの準備が不足だったか、どの能力が足りなかったか、どのような知識やスキルが足りなかったのだろう。自分でも反省点はたくさんあるはずです。失敗は不景気のせいだ、上司の指示が悪かったからだ、同僚が協力してくれなかったからだ、と他人のせいにする人もいますが、そんな人はいつまでも成長しません。真剣に失敗に向き合うことで、職業人として一皮むける成長をするのです。

失敗の原因を考え抜くことが、次にまた同じ失敗をすることを防ぎます。一方で、「自分は能力がない」「運が悪い」といった自虐的な反省は生産的ではありません。具体的なパーツに分けて焦点を絞って考えれば、より具体的な対応策が思い浮かびます。部下本人としては、失敗を直視するのはつらくてできるだけ早めに忘れたいところですが、上司は知識、準備、スキル、根回しのどこが悪かったか、個別に検討するよう助言します。

上司は失敗した部下を感情的に怒ってはいけませんが、失敗した理由をしっかり受け止めさせ、考えさせます。そして失敗をうやむやにせず責任を取らせることが他の職場のメンバーに対しても、本人の次の再出発のためにも必要です。「気にしないで。何とかなるわよ」と気休めを言ってはいけません。それより、具体的な原因を本人に指摘し、今後どう対応するか考えさせます。でもそれはいやみや非難する響きを持たせず、客観的な事実の指摘に徹するように注意します。

失敗にへこたれない、気にしないというのは今後成長するかどうかを左右する重要な指標です。女性のほうが失敗を引きずり、男性のほうが切り替えが早いと言われます。真剣に悩んだあとは気持ちを切り替えるのも大事です。失敗を指摘したあとは「いい勉強になったはず。なかなか得難い経験をしたわね」とフォローしておきましょう。しかし、そのあともその失敗を何度も持ち出して、「あなたは、前にもこんな失敗をしたのだから気をつけてね」などと言うのは、絶対にやめなければなりません。

失敗のあとはクールダウンのためにも一定の謹慎期間は必要ですが、本人の反省の態度が明らかで、挽回を希望している時はもう一度チャンスを与えるようにしましょう。敗者復活は人材養成のうえでも不可欠です。今度こそ慎重に失敗しないような課題を与えると、きっとリカバリーできます。

部下の多様な長所を発見する

仕事は忙しい人に頼むに限る、と言われます。その結果忙しい人はますます忙しく、暇な人はますます暇になりがちです。ある経営者も「暇な人に仕事を頼むと長い時間をかけてこねくり回してろくな答えが出てこない」と言っておられました。

暇な人は丁寧に仕事をするかもしれませんが、メリハリをつけるべきポイントを勘違いしていることがよくあります。忙しい人はもともと能力もあるのでしょうが、そのうえ忙しいので集中力を持って切れのある仕事をします。それによって成果を上げ、ますます忙しい人は経験を積み、信頼され期待を集めていきます。ただ時には重宝がられるあまり、何でもこなしているうちに、何でも屋・便利屋的になってしまうことがあります。

上司はそうした「忙しい」部下につい何でも頼んでしまうのではなく、仕事を選んで本人の成長に役に立つ、将来いい経験になりそうな仕事をさせるよう気を配り選択するのが役目です。何でもできる人にこそ、持ち味を発揮する仕事をしてもらうようにしなければなりません。

ところで、どんな集団でもトップの20％は「よく働き」、60％は「そこそこ」、下位20％は「お荷物」だと言われます。「忙しい」部下はこのトップ20％に入るのでしょうが、おもしろいことにどんな精鋭部隊を集めてチームを作っても、その中でまた2：6：2に分化していくと言われます。

60％の「そこそこ組」のチームのメンバーにもそれぞれ取り柄を発見し、持てる力を発揮させるのが上司の腕の見せどころです。彼らはトップ20％の人材に比べれば何でもこなすタイプでないかもしれませんが、つぼにはまる仕事なら持ち味を発揮します。そのつぼにはまる仕事が何か、見つけるのが部下を生かすうえで一番大きな課題です。

まず部下の興味や関心を把握するのが第一歩です。その中から長所を発見し、それを発揮する機会を与えるのが二歩目です。

本人の個性を認めると、相手も喜びます。個性を発揮する部下は自分の持ち味を上司が認めてくれるのがうれしく、自覚していなかった力を自分のうちに発見すると自信がつき、意欲を持ってくれます。

『桃太郎』のサル、犬、キジも、『西遊記』の孫悟空、猪八戒、沙悟浄も、持ち味が違うメンバーたちだからチームとして強力になったのです。自分と同じような発想、同じような価値観、さらには同じような経歴、バックグラウンドを持つ部下だけを集めていては、発想は貧困になり活力に欠けていきます。最近いろいろなところでダイバーシティが重要だと言われているのは、そのためです。

トップ20％の有能な部下だけをかわいがり仕事をどんどん与えるのではなく、多様な個性を持った部下の特性を見つける上司、その持ち味を発揮させる上司になりましょう。女性で管理職になった人も仕事をこなすまじめさに徹するだけでなく、ぜひ違いをおもしろがる懐の深さ、幅の広さを持ってください。

私の元の上司の一人は「どんな上司とでもうまく付き合う名馬より、乗り手を選ぶ悍馬（かんば）のほうがおもしろい」と言って、ひと癖もふた癖もある部下の能力を発揮させていました。その人自身も、いわゆる秀才コースを歩いていない苦労人でした。そうした上司のもとでは、それまで評価されず腐っていた人材も生き生きと働いていました。

教師になったつもりで部下を育てる

日本では、人材はどこで育つのでしょう。まず家庭でその人の本質的な部分は育てられ、母親や父親から子どもたちは言葉を学び生活習慣を学びます。学校でも家庭と異なる集団の場で努力をして知識を習得するとともに、友人と協力し先生の指示に従うことを学びます。

しかし近年では家庭も少子化が進む中で親たちは育児・教育の経験を蓄積することができず、子どもを甘やかし迎合する姿が目立ちます。学校も高校・大学の全入化の中で、努力して勉強する風潮が薄れ、学級崩壊、いじめ、学力低下が憂慮されています。私も大学人の一人として、大学の教育機能を充実させることが社会的使命だと思って取り組んでいますが、教育機能の点からは心配な大学も多数あります。

今の日本でかろうじて人材を育成する場として機能しているのは、職場ではないでしょうか。その職場も高度経済成長時代のようないわゆる終身雇用・年功序列の雇用慣行が様変わりし、中途退職・中途採用社員、派遣社員やフリーターとして短期で働く人が増えています。21世紀になっても日本は資源も乏しく、国土も決して広くはない中で人材だけが日本の財産であるという状況は変わりません。しかも少子高齢化で働く人の頭数は確実に減っていきますから、質を高めるのが不可欠です。女性、高齢者の就業で労働力を量的に増やすだけでなく、人材の質を高めることが必要です。

だからこそ女性管理職は、仕事で成果を上げるだけでなく人材の育成に大きな役割を果たすことが期待されます。今までも女性たちは縁の下の力持ち的に多くの事務を処理し、スキルを磨いてきました。女性ばかりのグループのリーダーは、しっかりと女性後輩を育てきました。今、日本では女性の仕事の範囲は広がり、責任は重くなっています。これから女性管理職の果たすべき役割のひとつが、男性も含めた若い職業人の養成です。

日本の強みは普通に働く人たちの質が高いところにあります。絶えざる改善を重ねて、元のオリジナル製品より品質の高い製品を生み出す職人気質のブルーカラーの人たち。誠実に約束を守り、いい加減な仕事をしないでチームワークを発揮するホワイトカラーの人たち。礼儀正しく清潔で丁寧に人と対し、行き届いたサービスで人をくつろがせるサービス業の人たち。こうした日本の人材の質の高さは世界に冠たるものがあります。「おもてなし」で知られる心配りやレベルの高いサービスは、日本の人材の質の高さに支えられています。

日本人も生まれつき勤勉なわけではなく、誠実なわけでも、勉強家であるわけでもなく、こうした良い態度や習慣を家庭、学校、そして職場で教えられ鍛えられて初めて身につけています。人材を育てるには良き出会いが不可欠です。私は2005年に女性で経営者・取締役になった方たちにインタビュー調査をしたことがありますが、就職した時はそれほど強い職業意識を持たない腰掛け気分だった方が、初めの職場で期待され、鍛えられて、立派に職業人として開眼した事例がいくつもありました。「上司が仕事に打ち込み楽しんでいる姿に、仕事の楽しさを教えられた」「未知の分野にどう取り組むかを教えてもらって、夢中で取り組むうちにできるようになった」という話をよく聞きました。女性だけでなく男性も、立派な先輩や上司との出会いによって育っていきます。

経営組織の中で情報化が進むと中間管理職はいらなくなるという説もありますが、中間管理職の仕事はチームリーダーとしてきっちり仕事をするだけでなく、部下を育てることです。情報だけで部下は育ちません。リーダーは部下の顔を見、特性を見、長所と短所を把握して自分の言葉と行動で教えてあげ、そして部下は自分で責任を持つ経験を経て初めて育ちます。

部下は、上司からの働きかけで変わる素材で、可能性の塊です。女性管理職も頭を切り替えて、自分が教師になったつもりで部下を育てることが期待されています。

第4章

女性社員はこんな男性上司を求めている

２０１６年4月から女性活躍推進法が施行され、従業員３０１人以上の企業に女性活躍の行動計画の策定が義務化されています。女性の採用・登用が現実に増えていき、部下に女性社員を持つ男性も増えています。しかし、職場に女性社員や女性管理職が増えても、どう対処すればよいかわからず、旧態依然とした対応をする管理職（特に男性）がいます。確かに「女性社員」と言っても、本人の能力、意欲も千差万別ですし、ライフステージによって働き方も変わります。女性社員も多様なのです。一番重要なのは、本人の個性と能力を見分けることです。基本的には男性社員と同じようにチャンスを与え、やる気を出させることが大切ですが、相手の状況を見て対応しなければなりません。

リップサービスだけでなく正当な処遇を

コミュニケーション力がないと言われる日本の男性ですが、中には女性社員のやる気を引き出すのがうまいと定評のある男性管理職がいます。「君でなくてはこんなにきちんとできないよ」「さすがは気がきくね」「仕事のことは君に聞くのが一番だよ」といった誉め言葉がスムーズに出て、部下の女性をうまく活用します。

もちろん女性部下だけでなく、こういう管理職は男性部下にも誉めて働いてもらおうという態度で臨みます。しかし女性のほうが仕事のうえで誉められることに慣れていませんから、感激して「この上司のためならひと頑張りしよう」と、期待に応えて働きます。

経験を積んでいる男性部下の中には「この人は調子の良いことを言っていても、口先だけなんだから」と見透かして、まじめに取り組まない人もいます。女性はかなり勤続年数が長くても、そういう時に素直に発奮することが多いのは、めったに上司に誉められることがないからです。

しかし、いつまでもそのような女性部下の好意や意欲に甘えるばかりでは、女性を育てることはできません。口先でいくら誉めていても、そうした彼女たちの働きに対してきちんと評価をせず、昇給や昇進といった目に見える客観的な処遇改善もせず、素直に働いてくれる便利屋として使い続けていると、いずれ彼女たちもちょっとやそっとの誉め言葉では動かなくなります。

勤続年数の長いベテラン女性社員の中には、いくら誉められたりチームリーダーや主任などの実質の伴わない肩書をもらったりしても「ふん、この程度の餌で釣ろうとしても無駄よ」とビクともしない態度をとる人もいます。それは、かつて誉め言葉やこうした肩書に感激して働いても、その後処遇のうえで報われることが少なく、男性と差がつくばかりだったという経験をしたことが影響しているかもしれません。誉められて、感激して、一生懸命働いたけれど、便利に使われただけ、上司は私を利用するだけだった、と苦い思い出を持つ女性は、誉め言葉だけでは動かなくなります。ドンファンの甘い言葉に心を動かして裏切られた女性が、心を動かさなくなるのと同じです。

多くの女性が従事する一般事務は、営業や開発のように目に見える利益を生み出すわけではなく、バックオフィスとしてそれらの前線部隊を支援する役割を担います。どれだけ頑張っても成果が見えにくく、したがって昇進も遅く、同じ部署に、「塩漬け状態」になっている女性たちは士気が低下しがちです。必要以上の量の仕事はしたくない、むずかしい仕事はしたくない、新しい仕事をしたくない、という態度をとり、もてあまされている「お局様」的な女性がいたら、過去に会社や上司から裏切られた経験を持つ可能性大です。いったんそういうふうに思い込んでしまった女性を変えるのは、ほとんど不可能です。

今すぐ対応しなければならないのは、そういう女性を増やさないことです。一般事務に従事する女性たちの派手でないにしても重要な仕事ぶりをきちんと評価し、それを処遇に反映するルール作りが必要です。勤務評価が何期続けて良ければ昇格させる、チームで上げた成果に対して報奨金を出すなどです。

経営者は「会社は目に見える華やかな成果を上げる人だけで動いているのではない、それぞれの持ち場の人が力を出し合うことが必要だ」と言いますが、それが評価や処遇にも反映するよう男性管理職は働きかけなくてはなりません。女性にはリップサービスだけでいいのだと思って正当な評価と処遇を与えないでいると、活性化しない女性社員を大量に抱えることになります。

多くの勤続女性は自分のまじめな貢献を認めてほしい、自分にも成長の機会を与えてほしいと願っているのです。

女性は管理職になりたがらない？

女性活躍が時代の流れになっていても、多くの経営者や管理者は「うちも女性管理職や役員を増やしたいのだが女性社員自身が昇進を希望しない」と言います。

確かに今まではそうだったかもしれません。「女性の時代だ」と過去に何度かブームが来て女性が登用されたこともありますが、多くは課長止まり。しかも、風当たりは強く、男性のような長時間労働を期待され、男性管理職と同じような基準で評価されがちでした。そうして登用された女性たちの多くは、独身か子どもがいませんでした。

多くの民間企業では女性が管理職になると責任だけは重くなるがいいことは少ない、部下と経営陣の間に立って苦労が多い、家庭との両立は困難で家族の協力が得られない、男性からも女性からもねたまれて足を引っ張られるなど、ネガティブな情報にあふれています。管理職には就きたくないと考える女性が多くなるのも、無理はありません。

残念なことに、女性も「図らずも」登用されても、ポストをこなすだけの力を持っていなくて、本人も組織も困ったケースもありました。

それにはいろいろな理由があります。採用の時から男性と異なる扱いを受け、男性にとっては、将来管理職になるのは当然のキャリアパスだったのに対し、女性はそうした将来展望が持てなかった、そのための経験を積む機会が与えられなかった、同僚や部下から反発される、などです。

私は、日本の職場は女性に「3つのキ」を与えていないと言ってきました。「期待」「機会」「鍛え」です。

女性の将来に「期待しない」「機会を与えない」「鍛えない」という風潮だったのです。この「3つのキ」がなければ育つものも育ちません。頼りない新入社員の男性が「君たちが会社の将来を背負うんだから頑張れ」「この程度の仕事ならできるだろう」と期待され、責任のある仕事、将来性のある仕事を任されて成長していくのに、女性社員は「無理な仕事はさせない、しなくてもよい」と甘やかされ、責任のある仕事はさせてもらえず、後方業務のような仕事ばかり与えられることが多くありました。いまだに会議に女性が出席して発言する機会がない企業も多いようです。

また、男性上司には、若い女性社員を鍛えるのに慣れておらず甘やかす人が多いようです。これは今まで女性社員を育てた経験がないからでしょうが、もう言い訳は通用しません。どの組織でも、女性を将来の幹部候補生として期待し、機会を与え鍛えることが必要になっています。先にも言ったように、もちろん女性も多様でいろんな考え方の人がいますから、みんながみんなこのように育てられれば成功するとは限りませんが、男性も同じことです。期待に応え伸びる男性は多いですが、中には期待に押しつぶされたり責任を取りたくないと言ったりする男性もいます。

女性登用を成功させるポイントは、いきなり登用するのではなく、5年程度はかけて育てる準備がいるのではないかと思います。そして、複数の候補を探して鍛えて、その人材プールから選んで機会を与えるのです。

登用された女性管理職も弱音や愚痴をこぼさず、さっそうと仕事を楽しんでいる様子を見せましょう。

女性管理職を増やして女性のやる気に火をつける

確かに現在の女性管理職の多くは「上に気を使い、下に気を使い、権限なんてほとんどない」「責任ばかり重くなって残業代が減るのでかえって手取り収入は減る」「同僚からねたまれ足を引っ張られる」と言っています。楽しいと言うと「いい気なものだ」と批判されるので、ねたまれず同情されるよう、自衛上そう言っているのかもしれません。

一方、多くの男性が管理職になるのが当然だ、ぜひなりたいと思っているのはなぜでしょうか。私自身は管理職になって当然苦労はあったものの、それ以上に良かったと思うことが多かったと断言できます。視野は広くなり、仕事の権限が増し、了解をとるべき上司が少なくなる、仕事の進め方を自分で裁量できる、情報量が多くなり組織全体の状況がわかるようになる、権限を持っているので仕事先の担当者とも話が進めやすい、などいいことはたくさんありました。仕事人生を顧みると前半は仕込みの期間、修業の期間で、成果が出てきておもしろいのは後半期だったというのが実感です。後半期が楽しかったのは、管理職になれたからです。

こうした「現実」をもっと女性たちは知るべきだと思います。また、企業は急速に変わってきています。

たとえば、多くの女性は後輩の男性が昇進していっても「仕方がない」と受け入れます。よく「あの社長は新入社員だった時に私が一から仕事の仕方を教えたのよ」というベテラン女性社員がいます。内なる差別意識というか、男性が女性より昇進が早くても抵抗感がないどころか、知り合いだということを誇りにしています。しかし、これが後輩の女性に追い越されたのならどうでしょうか。同じ学歴、経歴の後輩の女性が昇進して管理職になったら、彼女たちは心安らかでないはずです。

男性は、後輩に追い抜かれると誇りが傷つき悔しい思いをします。平静を装っても心の中は煮えくり返っています。女性も昇進するのが少数の場合は「あの人は特別なのよ」（特別優秀だ、独身である、権力者に気に入られている）と自分を納得させることができますが、その数が増えてくると平静ではいられなくなります。

絶対に後輩や同僚に負けたくないと頑張る人もかなり増えるはずです。それはのんびりゆったり責任のない仕事を続けるという働き方を望む女性にとっては、つらいことです。

しかし機会均等、男女平等ということは、女性が女性だから昇進できないのだという言い訳が通用しなくなることでもあります。女性の中でもやる気と能力のある人と、そうでない人との格差が広がり、女性の中の多様化が見えるようになります。

後輩の男性に追い越されても心が波立たなかった女性たち、管理職にならなくても当然と思っていた女性たちの心に波を立て、なぜ私は選ばれなかったのかと悔しい思いをさせる、それが女性登用の現実です。

では、管理職になりたくないという女性がたくさんいる職場ではどうしたらよいでしょうか。少し荒療治ですが、その人たちを飛び越して意欲のある複数の後輩女性を昇進させれば、女性は必ず考え方を変えると思います。

女性の外見に惑わされない

男は男同士、女は女同士、相手が何を考え、どう感じているか、言わなくてもわかることがあります。しかし異性のことになると、見当違いの見方をしていることがしばしばあります。

職場では、年齢も肩書も家庭状況もさまざまな男性がいます。女性である私たちは、「男性ってこんなことを考えている人もいるんだ」「あんなふうに感じる男性もいるのだ」と、驚くこと学ぶことが多々あります。だからこそ人生なかなかおもしろいものがあるわけで、何もかもわかってしまうとつまらなくなります。

ところが、男性たちは「女性って細かいことに気がつく、細かいことにこだわる」「小さいものやかわいいものが好き」「清潔さや外見や服装に気を使い、いつもきれいにしている」「仕事より家庭を大事にしているから残業はしたがらない」「おしゃべりで噂話が好き」「人の言葉を気にしてあれこれ気を回す」などと思い込んでいることが多く、驚かされます。女性も一人一人異なる個性を持っているのを忘れないでと言いたくなります。

たくさんの女性の部下がいる男性でも、一人一人の女性と話し合い本当に理解しようとしている人は多くありません。たまに「女性群のご意見も聞かなくては」などと言ってわざとらしく意見を聞く機会を作っても、実際は敬して遠ざけている場面がしばしばあります。

言うまでもないことですが、男性が一人一人異なる能力、体力、性格、モチベーションを持っているように女性も一人一人異なっています。ある女性は気力、体力、能力も充実し、バリバリ仕事をし、男性と同じように昇進することを望んでいるかもしれませんが、別の女性はあまり責任のない仕事をして温かい家庭を作るのが一番の幸せと考えているかもしれません。自分の責任分野はしっかり仕事をするが、部署全体とか会社がどうなるかにはあまり興味がないという女性もたくさんいます。

しかも重要なことは、それは外見や経歴とは一致しないことです。とかく異性は外見で判断しがちです。「この人はきりっとした知的な顔をしているから、キャリアウーマン志向だろう」とか「口のきき方が甘くてやさしいから、恋愛して家庭に入っていい奥さんになるだろう」などと、男性が女性のうわべに惑わされているのに驚くことがあります。キャリアウーマン風の雰囲気を持っているA子は実は家庭志向で、甘ったるい猫なで声のB子が野心的なキャリアウーマン志向だというケースは多いのです。

このように外見や振る舞いに惑わされる男性を見ていると、「男性は女性を見分ける力がないですね」と言いたくなります。「立派な一流大学出身で成績も良かったのに結婚退職をしてしまった」「頼りなさそうなんだけど、今ではあの課の影のキーパーソンだ」と驚いてしまうのです。思い込みと現実が違っているとすぐに「だから女はわからない、女は謎だ」と言う男性には、あきれてしまいます。

男性の組織人は、女性といっても一人一人は異なるという当たり前の初歩の常識を、もう一度繰り返し認識してくださるようお願いします。男性も外見はかっこよくて中身がない人もいれば、見た目はいまいちでもしっかりした人もいます。男性上司に不可欠な能力は部下を見る目です。外見に惑わされないでその能力、適性、人柄をしっかり把握しなければチームを率いることはできません。そうした人を見る目は、男性部下に対するのと同じように女性部下に対しても発揮してください。今までは女性の能力を見分ける経験を積む機会もなく、必要性もなかったかもしれませんが、これからは違います。

時間の経過や置かれた立場によっても人間は変わっていきます。男性が「三日会わざれば刮目(かつもく)して見よ」と言われるように、女性も入社して2年、3年たつと、初めは自信がなくて結婚退職しようと考えていたのに仕事のおもしろさがわかってきて、20年も働き続けている例もあれば、張り切って入社してきたのに現実の職場で目に見えない差別や将来への不安を感じ、退職していってしまうという例もあります。

女性といっても一様ではなく、「女性とは」とひと括りにできないということだけは確かです。それを認識するのが女性を理解する第一歩です。そして、男性にとって多くの女性と一緒に仕事をして人を見る目を鍛えることが、これからますます重要になります。

評価は公平を旨とすべし

女性部下と一言で言っても、言葉遣いが優しく、素直でなついてくる人もいれば、すぐに反発するようなかわいげのない人、斜に構えている人、ぼんやりしていて使えない人と千差万別です。異性への好みもあり、男性上司も女性部下に対して好き嫌いが生じるのは避けられないところですが、そうした感情を露骨に人事評価に反映すると部下たちは必ず落胆し、その上司から心が離れていきます。管理職は一応の権力者ですから、好き嫌いをむき出しにしてはいけないと肝に銘じておきましょう。

組織の中で働く人間には、人事次第で将来が左右される、給料が違う、仕事のきつさが違うと熟知していますから人事に対する関心は高いのです。それが好き嫌いで左右されると落胆するだけでなく、そんな依怙贔屓をするような未熟でわがままな人なのだと、上司に対する評価まで落ちてしまいます。中でも阿諛追従を露骨に行う女性部下が寵愛されていると、人を見る目がないなあと上司の人間性が疑われるのです。

だからどの人も同じように差をつけずに扱えということではありません。それでは悪平等になり力のある人に能力を発揮してもらうことができません。力のある人にはそれにふさわしいポストを与え、能力を発揮してもらわなければなりません。その時に「彼女は上司のお気に入りだから昇進したのだ」と思われず、「彼女が昇進したのは仕事ができるからだ」と周囲が納得するような、明確な理由を挙げなければなりません。それでも納得しない人が少なくとも20～30％はいるものです。だからこそ、人事についてはきちんとその理由を公式に説明できるようにしなければなりません。

人事の理由には能力以外の要素、たとえば経験・経歴だとか、チームワークがとれる人柄かどうか、専門性や資格、学歴など多くのことが絡み合ってくるでしょう。そこであえてこういう理由でと、客観的な理由が言えること、古い表現で言えば大義名分が立つことが重要なのです。

女性だから、外国人だからという理由で差別をするのは信頼を失わせます。女性を差別しても、昔は特に抵抗感は持たれなかったかもしれませんが、今では「なんて頭が古いんだろう」「時代錯誤の人だ」「人の心の痛みがわからない人だ」と思われるようになっています。

また、正社員だけでなく派遣社員、契約社員、嘱託、パート、アルバイトなどさまざまな立場の女性が同じ職場で働いています。その人たちに礼儀正しく振る舞うのは人間として当然です。正社員に対してだけでなく、まず名前を覚え、ねぎらいと感謝の言葉を忘れないようにしましょう。それは職場の雰囲気を明るくするうえでも欠かせないことです。

好悪の感情を出さず仕事で評価

「人は見た目が9割」というのは第一印象に関しては真実です。そのあと何度も会い、仕事を共にしていると、どういう人柄か、どの程度の力を持っている人かがわかってきて最初の印象がある程度訂正されますが、それは相手を知る機会が多くないとできません。男性と女性はその点、同性同士よりその誤解をとく機会が少ないようです。

セクハラは多くが男女の認識のギャップから生まれますが、そこまでいかなくても日常的に男性の勘違いが女性を不愉快にしていることがあります。

女性の部下を誉めなければならないとばかり、着ている洋服やアクセサリーを誉める男性上司がいます。けなされるよりいいかもしれませんが「職場の女性を外見で評価しようとしているのだ」と不愉快に思う女性部下のほうが多いはずです。もっと嫌がられるのは「うなじがきれいだね」とか、「指がきれいだな」と体の一部分を誉められることです。男性上司にしてみれば、胸やお尻を誉めたわけでもないのになぜそんなに嫌がるのかわからない、きれいだとほんとに感じたことを言っただけなのに気を悪くするから女性はむずかしいと考えるかもしれません。そうした誉め言葉はバーや飲み屋などの、女性の魅力を売り物にしている人に使うべきで、職場では使うべきではありません。

女性部下を持つ上司へのアドバイスはただひとつ。職場では仕事中心の言動をすべし、ということです。

彼女たちは、服装やアクセサリーや体の一部を誉めてくれることを上司に期待していません（じゃあ、何のためにおしゃれをするかといえば、それは女性同士の目や気になる男性同僚の目を意識してかもしれませんが、上司を楽しませようとは思っていないはずです）。上司からは仕事のうえでの努力、工夫、頑張りを認めてほしいのです。余談ですが、美人を誉めるのに美人だと言ってもまったく喜ばれません。当たり前のことを何を今さら言うのと思われるだけです。頭がいいとか、心がやさしい、気がきくと誉められると美人はうれしいのです。

外見は見てすぐわかりますが、仕事のうえでの努力や成果は注意しないとわかりません。上司にはそれを見つけること、それを誉めることが期待されているのです。

やさしい言葉使い、丁寧なマナーも女性の強い武器です。多くの男性は、やさしい言葉で話す女性、態度・物腰がきれいな女性、ちょっと親切にしてくれる女性を、仕事で成果を上げている女性や能力のある女性より高く評価する傾向があります。私は若い女性たちには「だからマナーや言葉使いを大事にすると得するわよ」とアドバイスするのですが、男性上司にはご自分の好悪の感情は率直に出さず、あくまで職場では仕事で評価するという基本を守るようにすべきと忠告しています。そのあと、少しずつ信頼関係ができて、冗談も言い合える仲になるかもしれませんが、それまでは基本を守り、親しき中にも礼儀ありでいきましょう。

少しむずかしい課題を与えて鍛える

私が公務員として働いていた時、女性の先輩たちが「小さな親切、大きな迷惑」という言葉をよく言っていました。「あまり残業のある部署に異動させてはかわいそうだ」「あそこはうるさい外郭(がいかく)団体があるから彼女にはむずかしいだろう」「あまり問題の多くない地方に赴任させないと何かあったら大変だ」などと、女性の人事異動に特別の配慮がされること（いわゆる手心を加えること）があったからです。

今ではそうした配慮もできないほど公務員の女性が増えていますが、当時は労働省を除いては女性のキャリアが極端に少なく、どの省も女性を扱った経験が乏しかったため、どうすればよいかわからなかったのです。民間企業の多くは、いまだに女性に「配慮」しなければと思っているのではないでしょうか。

こうした女性への「配慮」は両刃（もろは）の剣（つるぎ）です。まだ入社したての鍛えるべき時は、余計な配慮をせずバリバリ鍛えるべきです。それによって本人に自信と経験がつきます（しかし子どもが生まれたら育児休業、その後しばらくは短時間勤務、小学生のうちは転居を伴う転勤はあまりさせず残業が少ない部署へという配慮は必要です。やがて子どもが高校生や大学生になったら男性と同じように考えてよいと思います）。女性だからといつも配慮して困難な仕事から隔離していては、いつまでも半人前で、本当に責任を持った仕事をしないお客様でありお飾りで終わってしまいます。

女性といっても多様ですから、そうした責任のない働き方を喜ぶ人もいます。しかし、ガッツのある女性、少なくとも前途に意欲を持っている女性には、保護ばかりしていないで責任の重い課題を与えるべきです。挑戦する機会、責任を持つ機会を与えないで、女性には無理だろうと決めつけていては、女性は人材として育ちません。これから職場で女性人材を育てるためには、厳しく鍛えることが必要です。男性でも鍛えられなければ人材として育ちません。女性も実力より少し上のむずかしい仕事を与え、高い水準をクリアするよう努力をさせてはじめて一皮むけた人材として育っていくのです。

今までの多くの日本の組織は、特に男性上司は女性部下をどう育ててよいかわからず、腫れ物に触るようにしてきました。せいぜい男性と差をつけないよう気を使う程度でした。その結果、女性自身も仕事の手ごたえを感じるところまでいかず、仕事の醍醐味を味わわないうちに、子どもが生まれると職業人から家庭人に転身していったのではないかと思います。

女性が仕事の本当の醍醐味を知ってしまったら、たとえ育児が大変でも、たとえ残業時間が長くても、いろんな手段を講じて仕事を続けます。だからこそ、私は男性より女性は出産前の若い時に、早めに責任のある手ごたえの感じられる仕事を経験する必要があると考えています。

感情の行き違いを避けるために言葉によるコミュニケーションを

女性の部下に気を使いすぎる男性上司がいます。

女性は一人とだけ親しくしてはいけないから、皆に外国出張のお土産を配る、1対1では話をしないようにする、あるいは仕事でも明確な指示や訂正、叱責をしないことがあります。それでは女性を仲間、部下としてではなくお客様、職場のアウトサイダーとして見ていることになります。

本音のところでは、男性管理職の多数は「女性は男性と違っていろいろ気を配らなければならないから厄介だ。ま、あまり波風を立てず穏やかに過ごしましょう」と思っているのではないでしょうか。また「男性部下と違って、上司のなにげない冗談を深刻に受け止めて恨まれたり泣かれたりしても困るからな」と思って、言いたいことも我慢しているのかもしれません。セクハラの定義が誤解されているのも、男性上司が萎縮していることの表れである可能性があります。

私は基本的に、男性部下と女性部下に大きな差はないと思っています。もちろん、女性の中には繊細で相手の態度や言葉を深刻に受け止めてしまう人もいます。しかし男性部下でも心ない冗談や、自分の能力を軽く見られる言葉を聞いたら傷つきますし、差別されたり不公平に扱われたりすると反発します。むしろ男性のほうが誇りは傷つきやすく、女性のほうがおおらかに乗り越えているように思います。

長らく日本の職場組織では、男性の気持ちを傷つけないように、メンツをつぶさないように、配慮が行き届いていましたが、女性はその対象にされていませんでした。たとえば貢献度が低くても男性社員なら一定の年齢になれば一応の肩書を与えるとか、逆転人事でも直属上司には後輩を持ってこないよう配慮していました。けれども、新入社員として指導した男性社員を直属上司に迎える女性の気持ちへの配慮は、なされてきませんでした。

もちろん最近では日本的雇用慣行は崩れつつあり、男性社員のメンツに対する配慮もされなくなりつつあります。男性も女性も、職場で気を使ってもらえなくなるんだということは認識しなければなりません。しかし、気は使ってもらわなくとも機会は与えてほしい、差別はしてほしくない、自分の将来のキャリアパスが見えるようにしてほしいという当然の要望には、きちんと対処しなければなりません。それは上司一人の力ではできないことも多く、組織全体に働きかけることも必要でしょう。でも基本は上司個人の姿勢です。

たとえば「子どもがいるからと配慮してあまり残業させなかったら、もう使い物にならないと思っているのですかと恨まれてしまった」ということがありますが、本人が親のそばに引っ越すとか環境を整えているかもしれません。あるいは「育児休業のあと、慣れている前のポストに戻りたかったのに閑職に回されてしまった」と嘆く女性もいます。こうした女性には、「長期的なキャリアを考え、育児期間は少し負担の軽い部署のほうがいいと思った。ぜひと希望するならば元の忙しい部署に戻すこともできるが、2〜3年軽い業務のほうがいいのではないか」と、こちらの意図を説明して納得してもらわなければなりません。

一方的な善意の思い込みで気を使うより、具体的なコミュニケーションが女性部下に対しては特に必要とされます。気を使うより、言葉を使えということです。

殻を破る経験を積ませればお局様にはならない

女性は感性が豊かだ、細かなところに気がつく、人間関係に敏感で気配りができる、と言われます。事務処理が的確にできる。弁が立ち表現力がある。これらはすべて女性の長所ですが、同時に短所になる時もあります（もちろん女性にも個人差があり、細かいところに気がつかない人も、口数が少ない人もいます）。

感性が豊かで、センスが良くいいモノやサービスを見分ける目を持っていると同時に、好き嫌いがはっきりしていて嫌いなものやセンスの悪い人に我慢ができない。部下や上司を有能かどうかの基準ではなく、いい人か悪い人か、好きか嫌いかという基準で判断してしまう。感情の起伏があって、つい涙ぐんだり、笑いがこみあげたりする。このように個人としては魅力的な感性の豊かさや資質が、職場では周りに「気を使わせる人」として負担になることがあります。

細かいところに気がつくのはよいのですが、ディテールにこだわりすぎて、大局感を失ったり、特に同僚や上司や部下の細かい欠点が目について、それを批判せずにはいられなくなったり、ということもあります。古い職場ではこうした女性のもともと持っている傾向や特性が矯められないまま、勤続年数を重ねて、職場の「お局様」になってしまっている女性が多数いました。その職場の生き字引のようにルーティンの仕事はできるものの、細かいことに口うるさく、噂話や人間関係にくわしくズケズケものを言う人です。こうした女性は、煙たがられています。

彼女たちにも同情すべきところがあります。女性の活躍が叫ばれる以前の職場では、女性に頑張ってもらおう、能力を発揮してもらおうという気運はありませんでした。事務処理が的確に早くできる能力も職場では欠くことのできないものですが、女性本人が自負するほどには周囲から高く評価されません。むしろなまじ事務処理能力があるので、いつまでも事務処理部門にとどめられ、管理的ポストに就けてもらえない、昇進させてもらえないという理不尽な扱いを受けてきました。

どうすればこうした女性の長所を職場で正当に評価する基準を作れるか、そのうえで女性の能力を発揮する仕組みをどう作れるかというのは組織として女性を活用するための大きな課題ですが、同時に女性個人の「器」を大きくする機会を与え経験させることも、上司の大きな役目です。

「器」を大きくするにはどうすればよいでしょうか。それまでの常識、経験が通用しない経験をすることで自分の殻が破られ人間は成長するのです。女性には無理だろうとなかなかそうしたチャンスは与えられませんが、思い切って人事異動や新規業務を担当してもらいましょう。

一般的に男性上司は、こうした勤続年数を重ねた難しい女性に人間としてもう一回り大きくなってもらおう、人間として成長させようと思う前に、「女性とは、こういう特性を生まれつき持っているのだ、困ったものだ」として、あきらめてしまう傾向があるようです。男性の場合は「そんなつまらないことばかり気にしないで、もっと高い視点で物事を見なくちゃだめだ」とか、「人間の好き嫌いを言っていては職業人失格だ」とたしなめ、「もっと会社全体のことを考えなきゃいけない」と励ますのに対して、女性に対してはあきらめてほとんどそうした働きかけはされません。

もちろん女性自身が心して自分の視野を広げたり、自分の周りに壁を作ってしまわないようにする努力が必要です。同時に男性上司たちも「女性に余計なことを言っても恨まれるだけだ」「どうせ女性は評論家のように批判するだけで、自分が泥をかぶるような仕事はしてくれない」と決めつけ、警戒して遠ざけてしまわないで、男性部下を育てる時と同じように対処してください。

お局様たちが、「どうせ私は」と自分の殻に閉じこもらず、小さいことにくよくよしないためには、新しい仕事をあえて担当させ、新しい土俵で成長するような機会が必要です。女性たちは自分が成長しているという手ごたえを求めているのです。そのためにはまず一人一人の特性、長所、短所、得意分野、不得意分野を見極め、成功体験を積み上げさせていくことが大事です。男性たちに能力、個性の差があるように、女性も一人一人違っているのです。

第5章

女性が活躍する組織を作る

女性は、「出世よりやりがい」を求めがちです。確かに、かつては女性が昇進を求めても不可能だったので、やりがい・生きがいを求めざるを得なかったかもしれません。しかし、今は違います。自分の好きな仕事だけ、楽にできる仕事だけをしていると、会社のお荷物になる可能性が高いのです。一方、昇進をめざすと、「組織にとって必要な仕事とは何か」「どうしたら成果を上げることができるか」と考え、視野が広がります。

組織内で成長するためには、自分の仕事だけに埋没しないで、組織全体から自分の仕事を見る俯瞰的な目を持つことが求められています。毎日の仕事に追われていると、つい視野が狭くなりがちです。上司やチームの進む方向を把握したうえで、働くことを心がけましょう。自分だけでなく、若い人にも組織のあり方を教えるのは先輩の義務であり、またチーム力を高めるうえでも必要です。

有名企業にこだわらず、女性が働きやすい企業を選ぶ

組織で働くとなるとどうしても世間に名の通った企業を選びたくなります。けれどもちょっと待ってください。そうした聞こえがいい企業が、必ずしも女性にとって働きやすい職場とは限らないのです。

昭和女子大学女性文化研究所は2013年11月以来、2年間に4回にわたって業種別に女性の働きやすさを指標A（就業継続・ワークライフバランス指標〈WLB〉）と指標B（キャリア・フレキシブルワーク指標〈FW〉）の視点から企業ランキングを発表してきました。ここでは取り上げた10業種を横断的に比較し、業種ごとの比較を行い業種による特徴を紹介します。

指標Aが高い、すなわち勤続の環境が比較的整っているのは「電気機器」「輸送用機器」あるいは「食料品」などの製造業の業種であり、指標Bが高い、すなわち柔軟な働き方が可能で女性が管理職としても活躍している企業は「証券・保険・金融」「サービス」などの業種でした。

指標Aと指標Bを組み合わせて対象となった全600社について、AとBを掛け合わせて各指標50点を原点とし、4つの企業タイプに分類すると、図1のようになります。

タイプⅠ：指標A（WLB）と指標B（FW）のいずれも50点より高く継続就業する環境条件が整っているだけでなく、管理職への登用、フレキシブルな制度も整っている「いきいきキャリアウーマン——チャレンジ志向の女子学生にお勧め」企業。企業群で全体の28％を占めています（いきいき型）。

表1　業種別・指標A（就業継続・WLB指標）7項目の平均値および制度「有り」の%と指標A得点の平均値

	平均値				有りの%			平均値
	A1 女性の平均勤続年数［年］	A2 平均勤続年数の男女差（女性－男性）［年］	A3 40代と30代女性比率差（40–30代）［%］	A4 有給休暇取得率［%］	A5 3歳～就学前の子を持つ社員向け 短時間勤務制度の有無	A6 フレックスタイム制度の有無	A7 育児サービス費用補助制度の有無	指標A［点］
銀行(31)	12.9	−4.8	−13.3	48.5	67.7%	3.2%	29.0%	45.5
サービス(62)	7.5	−2.5	−7.2	47.8	61.3%	16.1%	19.4%	44.3
小売(65)	10.8	−3.0	−6.8	41.1	64.6%	9.2%	10.8%	45.1
化学(75)	13.8	−2.9	−3.9	57.0	70.7%	42.7%	28.0%	53.5
情報・通信(66)	8.9	−2.6	−7.3	59.9	66.7%	40.9%	36.4%	49.5
食料品(46)	12.8	−4.2	−6.1	51.2	**89.1%**	54.3%	39.1%	52.4
卸売(88)	10.9	−3.6	−10.0	46.3	60.2%	17.0%	13.6%	44.9
輸送用機器(43)	13.1	−3.5	**−1.5**	**71.3**	81.4%	**81.4%**	30.2%	**57.7**
電気機器(91)	**14.9**	**−1.6**	−3.9	60.2	75.8%	50.5%	29.7%	56.6
証券・保険・金融(33)	11.0	−3.4	−10.7	51.8	84.8%	30.3%	**48.5%**	49.6
合計(600)	11.7	−3.0	−6.7	53.4	70.7%	34.5%	26.5%	50.0

注1）網かけは各列上位3業種。数値太字は各列第1位の業種
　2）数値回答は2013年度時点　3）数値回答無回答は平均値置換

表2　業種別・指標B（キャリア・FW指標）9項目の平均値および制度「有り」の%と指標B得点の平均値

	平均値					有りの%				平均値
	B1 管理職女性比率3)［%］	B2 うち部長職以上女性比率3)［%］	B3 役員女性比率3)［%］	B4 中途採用大卒・修士以上女性比率［%］	B5 女性定着率［%］	B6 男性育休取得者の有無	B7 多様な人材活用部署の有無	B8 フレックスタイム制度の有無	B9 FA制度の有無	指標B［点］
銀行(31)	10.0	2.1	1.4	1.0	74.9	29.0%	38.7%	19.4%	6.5%	47.5
サービス(62)	**13.4**	**5.7**	3.8	**4.2**	78.0	21.0%	11.3%	27.4%	19.4%	53.2
小売(65)	11.0	4.0	3.9	1.6	80.0	13.8%	16.9%	20.0%	16.9%	49.5
化学(75)	6.1	2.9	2.7	1.9	85.9	32.0%	32.0%	61.3%	10.7%	50.6
情報・通信(66)	6.1	3.5	2.6	2.6	83.5	40.9%	30.3%	53.0%	19.7%	51.6
食料品(46)	4.7	1.8	1.9	1.2	87.2	52.2%	28.3%	71.7%	17.4%	50.6
卸売(88)	4.2	1.8	0.8	3.0	85.2	12.5%	19.3%	34.1%	11.4%	46.3
輸送用機器(43)	1.6	0.6	0.8	1.5	**94.0**	55.8%	23.3%	**86.0%**	20.9%	50.1
電気機器(91)	2.5	0.9	0.8	1.4	82.8	44.0%	29.7%	67.0%	26.4%	48.6
証券・保険・金融(33)	10.6	3.5	**4.2**	2.2	75.5	**60.6%**	**45.5%**	39.4%	**36.4%**	**55.4**
合計(600)	6.6	2.6	2.2	2.2	83.1	33.5%	26.0%	48.5%	18.2%	50.0

注1）網かけは各列上位3業種。数値太字は各列第1位の業種
　2）数値回答無回答は平均値置換　3）2013年度末あるいは直近時点

タイプⅡ：指標B（FW）の得点は高いが指標A（WLB）の得点が低く、子育てとの両立や継続就業の環境は整っていないが管理職は多い。仕事は厳しくとも、登用を望む女性に適している企業。全体の15％と少数です（クタクタ型）。

タイプⅢ：指標A（WLB）、指標B（FW）のどちらの得点も低い。女性の勤続は少なく、女性の活躍もまだ実現していない企業。全企業の38・2％を占め、現在の企業では最も多くなっています（踏んだりけったり型）。

タイプⅣ：指標A（WLB）の得点が高く、出産・育児を越えて就業継続は可能ですが、指標B（FW）の得点は低く、女性登用の実績はなく、伝統的な雇用管理が行われていると推定される企業。昇進を望まず、子育てと両立させ長期就業を望む

図1　業種別・4つの企業タイプの分布

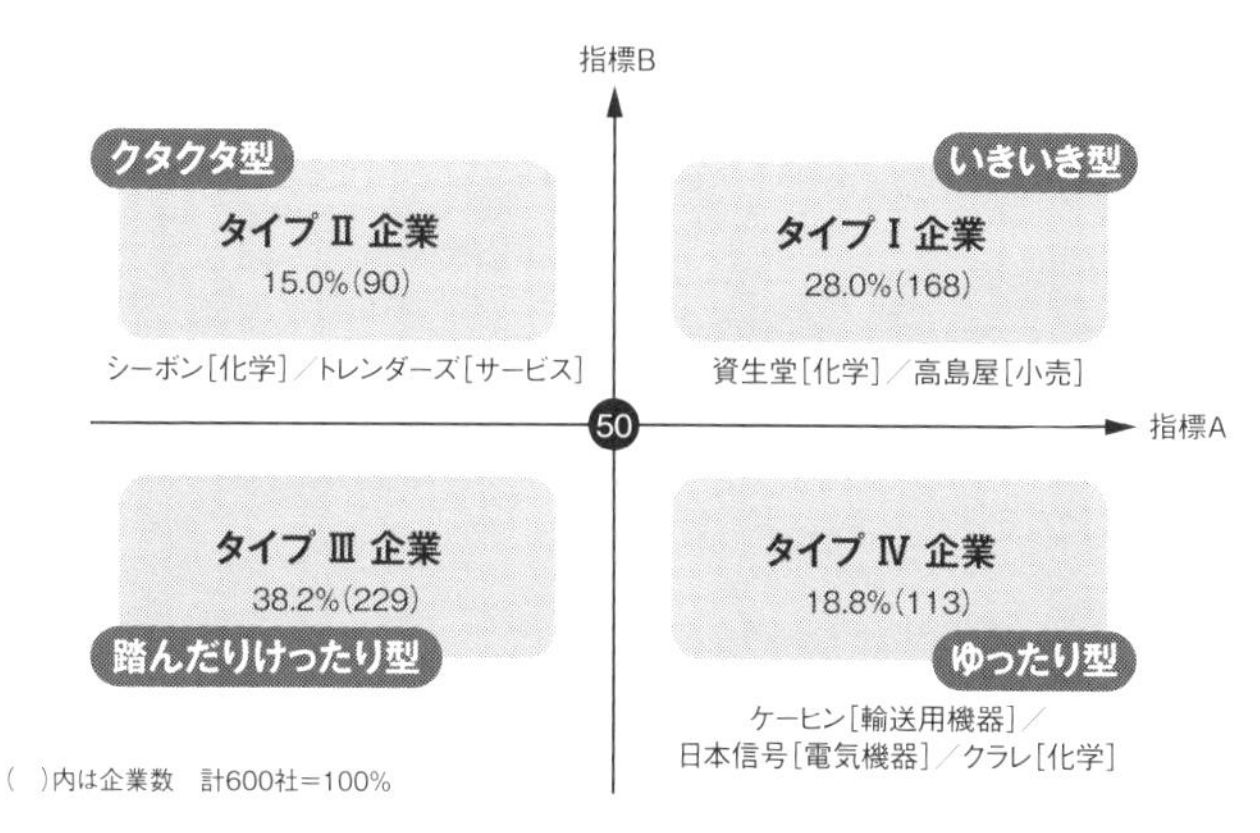

女性にお勧め。全企業の18・8％で、それほど多くありません（ゆったり型）。

タイプⅢ（踏んだりけったり型）が最も多く38・2％、次いで多いのがタイプⅠ（いきいき型）で28％であり、タイプⅣ（ゆったり型）が18・8％、タイプⅡ（クタクタ型）が15％という分布からは、女性活躍のかけ声は高いものの、各企業の取り組みにはかなりの格差があることが示されています。

いわゆる就職の際の学生の人気企業は女性の働きやすさ、子育てとの両立、登用状況とは一致していないことが改めて明らかになりました。特に声を大にして言いたいのは、男子学生にとっての人気企業は必ずしも女性にとって推奨できる企業ではないことです。男性にとっての人気企業を女性も志望するのではなく、女性は自分が就業継続

表3　業種別に見たタイプⅠ−Ⅳの分布状況

	タイプⅠ	タイプⅡ	タイプⅢ	タイプⅣ
銀行(31)	6.5%	16.1%	**61.3%**	16.1%
サービス(62)	19.4%	**32.3%**	40.3%	8.1%
小売(65)	13.8%	23.1%	53.8%	9.2%
化学(75)	36.0%	5.3%	32.0%	26.7%
情報・通信(66)	34.8%	16.7%	34.8%	13.6%
食料品(46)	37.0%	10.9%	30.4%	21.7%
卸売(88)	14.8%	19.3%	56.8%	9.1%
輸送用機器(43)	**48.8%**	—	23.3%	27.9%
電気機器(91)	35.2%	3.3%	22.0%	**39.6%**
証券・保険・金融(33)	36.4%	30.3%	27.3%	6.1%
合計(600)	28.0%	15.0%	38.2%	18.8%

注）網かけは各列上位3業種。数値太字は各列第1位の業種

か、キャリアアップを望むのか、その両方を望むのかというキャリアビジョンを持ち、それに応えてくれる企業を選ぶことが必要になっています。

過去4回行われた個別の業種別ランキングの総括として改めて浮かび上がるのは、日本の企業の女性活躍への取り組みが、個別の企業により差が極めて大きいことです。業種による差の大きさも無視できません。

この優良企業ランキング調査は、これから就職する女子学生の企業選択の参考にしてほしいというのが第1の目的でしたが、この作業を通して改めていくつかの問題点も見えてきました。

第1に企業の公開データが十分でないことです。対象企業836社のうち女性従業員の勤続年数を明らかにしていない企業が約4分の1を占めています。こうした企業はそれ以外の項目にも無回答が多く、スコア算出が困難でランキングから除外しました。言葉を換えれば下位でも公表している企業は良心的であり、女性の活躍に関心は持っているといえます。

女性活躍推進法によってこうしたデータの公開が義務づけられるので、今後はより多くの企業に対して詳細な分析が可能になることを期待します。

第2は今回が初めての取り組みだったので時系列比較ができなかったことです。女性の活躍については、企業はようやく取り組み始めたところですから、その第一歩を示せたことに意味がありますが、5年後、10年後どのように変化していくのかフォローしなければなりません。

第3はこのような差をもたらした要因の分析が必要だということです。業種によって業務内容が異なるだけでなく、女性従業者の数や比率、創業後の期間の長さ、事業規模・資本金・売上高など、それぞれ異なります。顧客が最終消費者か、企業かによっても異なります。これが指標A、指標Bなどに挙げられた項目に対する取り組みと相関があるのか、今後より広い視点からの分析を進めていかねばなりません。

男性も単に知名度や大きさ、給料の高さなどで就職先を選ぶのではなく、安定した就業継続、WLBを重視するのか、より自由で流動性の高い働き方を選ぶのか、考えて選択する必要があります。

女性活躍のための社内組織には、社長を責任者に据える

2016年4月からの女性活躍推進法の施行によって多くの企業は女性の管理職、採用

数などを公表し、女性活躍のための行動計画を策定しました。

しかし、前節で紹介したとおり、個々の企業の内情はさまざまです。本気で女性登用に取り組んでいる企業もあれば、女性の取締役はいてもあとが続かない、制度は作ったが利用者が少ないという企業もたくさんあります。そして女性が生き生きと活躍して重要な戦力になっている企業もあれば、女性勤続者だけは増えても彼女たちが「お荷物」視されている企業もあります。どうしてこのような差が生まれるのでしょうか。企業風土の差と言ってしまうのではなく、どうしたら組織に女性活躍の風土が定着するか検討しなければなりません。

制度を作るのはある意味簡単です。法律で強制されている場合は推進する「大義名分」があります。法律により、育児休業制度、短時間勤務制度などは301人以上の企業のほとんどで制度化され、それを実行に移す行動計画も策定されました。

これを定着させ女性活躍につなげていくうえで、第1に必要なのは経営トップのコミットメントです。多くの経営トップは日本経済の流れ全体の中で、グローバル化、情報化、少子化、高齢化とともに女性の活躍推進が避けられないことは理解しています。ただ「総論は賛成だがわが社にはわが社の事情がある」「わが社の場合はそれだけの意欲・能力・

経験のある女子社員が少ない」と思っているトップが多数派です。グローバル化、情報化は否応なしに進行し、それに追いつくか、落ちこぼれるかによって業績が直ちに変動します。それに対し女性活躍の場合は業績に反映させるには5年、10年の期間がかかります。

少子化対策として育児休業の制度化・定着が必要である、それが企業の社会的責任だ、という3.0時代の考えは経営者に比較的広く受け入れられました。女性活躍4.0時代となりましたが、企業の経営戦略上、不可欠の課題だと本気で認識している経営者は多くありません。せいぜい「こういうご時世だからしかたがない」「労働力が減少しているから女性にもしっかり働いてもらわなければ」というところです。「男性も家事育児の分担を」と言われると自分自身の生き方を批判されているように感じて反発する経営者も多く、労働時間の短縮、弾力化などの働き方改革も「本当にそれでやっていけるだろうか」と不安を持っています。

こうした経営トップに女性の問題を自分の問題として受け止めてもらうにはどうすればよいのでしょうか。何度もご進講、ご説明してもらえないケースが大半です。私のお勧めは、経営トップに「女性活躍推進本部長」「女性が輝く委員会委員長」などの社内組織の責任者になってもらうことです。人事担当取締役、人事部長、あるいは女性の役員にこうした社内組織の責任者になってもらうのではなく、会社のトップが自ら責任者に就任することが大事です。

その場合、必ず「忙しい。ほかにやることが多い」「自分はそう詳しいわけでないから」「この問題に詳しい人がトップに立つべきだ」と消極的でしょうから、「いえいえ、形だけでも社長がトップになってくださると、対外的に重みが違います」「ご負担にならないよう、訓示や通知はすべてこちらで原稿を作りますから」と頼みましょう。その時に、社外取締役などから説得してもらうのもいいかもしれません。

社内の姿勢は、その組織の責任者がトップかどうかによって大きく変わります。女性活躍推進政策も、安倍晋三内閣総理大臣が提言したことで政府内外への影響力は格段に違いました。

そして本部の会合での訓示、委員会の席上のあいさつをお願いします。原稿を読み上げるだけで熱意がなくとも、「素晴らしい」「よく言ってくださった」「さすがです」と誉めちぎり、社内報やPR誌でフレームアップする、あるいは社内報で女性登用に詳しい外部の有名人と対談してもらう機会を作るなど、できる限り表に出てもらいます。こうした機会を重ねていくと、ご本人も自信を持って自分は女性活躍の理解者、応援団だという気持ちになっていきます。

女性登用を促進するための役員以下へのアプローチ

企業トップをうまく責任者にすることができたら、次は担当役員、部長レベルの認識を変えなければなりません。それにはデータで説明するのが有効ですが、ぜひ他社の事例、できれば同業他社の取り組みを紹介し、「負けないぞ」と思ってもらいましょう。あまり先進的な事例でなく、手が届くレベルの取り組みの情報をいろんな機会に提供しましょう。そして、外部のエグゼクティブセミナー、トップセミナーなどで「わが社の女性活躍への取り組み」として制度や取り組み状況について本人に発表したり話してもらったりする機会を作り、ご本人に専門家のはしくれだと自信を持ってもらいましょう。もちろん、資料は担当部署が作ります。実行可能な制度を作るための責任者は、この人たちです。

その次になすべきことは、中間管理職クラスに受け入れてもらうことです。この人たちは個人差が大きいのですが、変化に対する「抵抗勢力」と言われ、てこでも動かない「岩盤」「粘土層」として立ちはだかっています。事務職の女性としか働いたことがないとか、優秀そうで目をかけていた女性部下が自己都合で退職したとか、自分の過去の経験から女性活躍なんて無理だと信じています。

この人たちは、女性活躍のためにというようなテーマの研修会や講演会にもまず参加しません。一番抵抗が少ないのは、普通の管理職研修の一環として「女性活躍推進法について」「女性にかかわる経済社会の変化」という1コマを潜り込ませておくことでしょう。女性活躍の意義などより、彼らが真剣に聞くのは「セクハラ・パワハラで訴えられないための上司の常識」といったたぐいの実務的な講義ですが、「自分たちの常識が非常識」という情報はやんわり与えておきましょう。

効果的なのは各部課に女性社員の教育・訓練のノルマを課すことです。若手研修講座の参加者の中に女性枠をセットする、部門間人事交流のうちの何割かは女性にする、女性たちに社内公募に応募させる、などとかく女性が微妙に排除される社内、社外の研修訓練教育の機会に部課長の責任で女性を推薦することを課すのです。いきなり管理職に女性をと言っても訓練も経験も少なく適格な女性が少ないのは、女性たちがそうした機会を与えられていないからです。管理職に対する勤務評定の1コマに「部下の養成」に加え、「女性社員の養成」を別掲し、研修への参加、上級職への昇進を上司の得点とするなどの仕組みを作るのがお説教より有効です。

さらに働きかけるべきは、初級管理職の人たちへの対応です。この人たちは強い偏見は持っていなくても、女性部下にどう指示してよいかわからない、どう叱ればよいか、どう誉めればよいかわからない、と日々現場で苦労しています。こういった人たちには女子社員を効果的に指導し、評価する具体的なノウハウを伝達することが必要です。第4章の「女性社員はこんな男性上司を求めている」が役に立つでしょう。

加えて、男性の同僚たちです。女性活躍のかけ声の中で自分たちは損をしている、大事にされていない、と感じている若手男性社員は多いのです。「女性が活躍しやすい職場は男性も活躍しやすい」「弾力的な働き方が男女のクリエイティブな才能を育む」と納得してもらうには情報提供も必要ですが、公平な評価も大事です。若い男性にも公募ポストにどんどん応募するよう奨励しましょう。男性が育児休業、時間短縮をとる職場チームの評価を高くする、残業を削減している職場を評価するという取り組みも必要です。

また360度の人事評価、人事評価についての上司とのディスカッションも、企業が自分に何を期待しているかを知り、自分はどこを伸ばせばよいか、男性が不当に差別されているわけではないと知るうえで有効です。

そしてもちろん女性社員自身が真剣に職務に取り組み、業績を上げていくことが組織風土を変え、女性を見る目を変えるために何より重要なのは、言うまでもありません。

鉄は熱いうちに打て！

男性、特に中年の管理職の男性は、若い女性社員なら好きでも、ベテランの女性社員は苦手な人が多いようです。

そのため職場でも、若い女性部下はかわいがる対象であっても鍛える対象とは考えない傾向があります。大学でも日本はまだ教授・准教授は男性が多く、彼らは女子学生をやさしく扱いがちです。一方女子大学には女性の教授・准教授が多く、彼女たちは女子学生をしっかり鍛えます。それが、女子大学が有能な女性を育てている理由のひとつです。

しかし、男性教授、男性上司に甘えていて自分を若いうちに鍛えないでいると、成長できないままに終わることを、女性は自覚しなければなりません。

ある新聞社に入った女性は、先輩の女性記者からこんなアドバイスを受けたそうです。「20代のうちは取材先の偉い人も職場の上司もみんなちやほやしてくれるけど、それが自分の実力だと思ったら大間違い。30代になるとそのつけが回ってくるわよ。そうならないために20代は頑張って勉強して実力をつけるのよ」と。その時は、おばさん記者が若い後輩に嫉妬交じりで言っているのだろうと気にも留めなかったそうですが、あとで思い当たることばかりだったということです。

若いうちは一緒に飲みに行こうと声がかかり、一杯飲みながら先輩から貴重なノウハウを教えてもらえるし、取材先からも珍しがられ、顔と名前を覚えてもらえる。それが数年たち、経験を重ね、自分にもようやく力がついてきたなと思うころになると、今まで「かわいい、かわいい」と言ってくれていたおじさんたちは煙たがり始める。かわいがってくれた上司は引退し、同僚や少し年長の男性たちからはライバル視される。「女は得だよな〜」「女を武器にしている」などという目で見られて足を引っ張られる。そこで女性は甘えていられなくなり、成長するのです。

女性が入社後年齢を重ねても、いつまでも女性社員を保護し続けている企業、責任を与えないままの企業もありますが、そうした企業では女性は鍛えられないままに終わります。入社時点では女性のほうがしっかりしているのに、数年たってみると男性のほうは成長しているのに女性は当初の輝きが失せている例が多いのは事実です。それは女性たちにとって仕事と結婚・出産・育児との両立がむずかしいからだけではありません。その企業の中で、若いうちに伸びしろを期待され、仕事を任され、石にかじりついても成し遂げるという経験をしていないからです。女性社員は、仕事のおもしろさ、手ごたえ、達成感を味わえる経験をしていれば、出産・育児の時期も乗り越えようという意欲を持つことができます。

若い時に否応なしに困難に立ち向かわなければならない経験をすると、その後も仕事に立ち向かっていく「癖」がつきます。ところが女性にむずかしいことをさせてはかわいそうというやさしい上司・職場風土のもとで育つと、いつまでも力がつかないまま中堅になってしまいます。それではいつまでたっても本当の戦力にはならず、責任のある仕事に就けるのを周囲から危ぶまれたままの「お嬢さん」「お姫さま」で終わります。日本でいわゆる一流大卒の秀才の女性が退職する最大の理由は、「将来が見えない」「ここでは能力が発揮できない」からです。

先日も、ある大手企業のたたき上げの男性管理職が総合職の女性を評して「お嬢様育ちで頭はいいのだが、最後になると責任を上司に押しつけて泥をかぶらない」と嘆いていました。女性たちが憎まれ役になったり、煙たがられたりしてもめげずに頑張る企業文化のあるところでは、女性は成長します。しかし、男性たちが主導権を持っている伝統的な大企業では、女性はいつまでも「お飾り」としてかわいがられる存在で終わりがちです。女性たち自身がそういう会社のほうが居心地が良いと考え、無理することないやと思うようになったら、本人の成長はありません。鉄は熱いうちに打て、です。入社して数年以内の若い時に鍛えるようにしましょう。

女性も、入社したてで将来に夢と希望に燃えているうちに鍛えられることによって育つのです。

採用面接の担当者に女性を入れる

女性の就職が厳しい時代も「リケジョ」は引っ張りだこでした。リケジョすなわち理工系の学部学科を卒業した女性は、看護・福祉などと並んで就職率は高くなっています。女性は専門職が向いている、ひとつの専門分野をコツコツと極めていく働き方が向いていると思われていたからです。確かに理工系だけでなく、弁護士、医師、薬剤師、教員、管理栄養士などの国家資格を持っている女性は、男女雇用機会均等法が施行される前から確立した職業人として扱われていました。

しかし現在数として多いのは経営や経済、法学などの社会科学を専攻した学生であり、次いで文学や語学、歴史などの人文科学を専攻した学生です。男性の場合は、就職後は大学での専攻と関係のない仕事に就いていますが、女性の場合はまだ「大学で学んだことを役立てたい」と希望する学生が多いのは、彼女たちが日本的雇用の仕組みの中で正式のメンバーとして受け入れてもらえず、ジョブ型、つまり特定の仕事の担当者として働くことを期待されていたからでしょう。今後彼女たちが大学での専攻を生かし、専門的スキルと知識を持って転職するような働き方を切り拓くかもしれません。しかし今のところは男性と同じく正社員として就職して、企業の中で研修や職務経験を重ねて職業人として成長するコースをとる女性が大部分です。

女子学生を採用する企業の採用担当者は口をそろえて、女子学生のほうが成績は良い、しっかりしている、男子学生は頼りないと言います。それでも採用された女子学生の中で5年後、10年後にもしっかり成長しているのは少数派で、採用の時には輝いて将来が楽しみだった女性が意欲を失い、さえなくなって退職していく例も少なくありません。どのような基準で採用すればよいのかという嘆きがよく聞かれます。特にいわゆる一流大学卒で成績の良い女子学生が必ずしも伸びず、いわゆる入学時の偏差値の高くない女子大学の卒業生がしっかり伸びる例もあります。

その差はどこから来るのでしょうか。女子学生の教育に携わっている立場からすれば、大学時代の過ごし方に注目していただきたいと思います。大学入学時には成績が良くてもその後大きな大学で平凡に過ごした学生より、学生時代に丁寧に指導され、リーダーシップをとる経験をしたり、長めのインターンシップをしたり、留学したりしたような女子学生は応用力・即戦力を身につけています。いわゆる一流大学に入学した学生より、入学後、大学で得た能力や経験を高めた女子学生が多いのです。もちろん賢そうな顔つきをしているとか、服装が決まっているとか、口のきき方がしっかりしているというのはあまり関係がありません。そうした表面的な能力に左右されないためにも、採用の面接担当者の中にはぜひ女性も入れてください。男性の目からだけでなく、女性の目からも見れば受験者の異なる特徴が把握できます。

それでも百発百中ということはあり得ません。当たりはずれは男子学生にも女子学生にもあります。それも見込んで、女子学生も少し多めに採用してほしいものです。

40代から再チャレンジできるプランを

女性の人生の中で結婚、出産、育児は大きなイベントです。現代でも多くの女性は結婚し、出産し、自分の子は自分で育てたいと思っています。仕事を続けたいと願う女性にとってこの期間をどう乗り切るかは、今でも大きな課題です。育児・介護休業法によって子どもが1歳になるまで（基本的に最長1歳半まで）は育児休業は整備され、6歳までは短時間勤務の権利がありますが（3～6歳は努力義務）、それでも子どもが小学生の間は教育や育児に手がかかります。子どもたちが自分の世界を持ち始めてもまだ目が離せないのが中学・高校生時代。でも大学生にもなればもう親の手は離れますし、離れないと困ります。

この出産から10年余りは女性の人生の中ではどうしても男性と異なり、育児の役割も果たさなければなりません。これが女性が職業人として全うするうえで大きな障害になると考えられてきました。かつては多くの女性は、この時期に育児を優先して職業を辞めてしまいました。

でも、女性の人生は平均87歳までと長くなっています。65歳まで40年余り働くとして、そのうち10年余りを育児優先で、仕事は少し軽くして、子どもが中学生になるころから仕事に重心を移すというように考えていいのではないかと思います。育児休業や時間短縮も進んでいます。乳幼児のころは短時間勤務、小学生のころは特別なことがない限り残業しないで定時に帰る、中学生のころからは男性と同様、繁忙期は残業もするという働き方です。おおよそ40歳過ぎには女性は人生の重要なイベントをあらかたこなし、落ち着いて仕事に打ち込むライフステージに入ります。それから本格的に職業人生が始まります。

企業も女性には40歳くらいまでは少し配慮し、片目をつむっていても、40歳を過ぎてからはどしどし責任ある仕事をしてもらうようにすべきです。ともすれば30代まで十分な戦力でなかった女性に対しては、評価が低くなってしまい、マミートラックに乗せられてしまうと、40代になっても50代になっても冷遇され続け、チャンスが与えられないで終わることが多いのです。今後は意識して、職場も上司もこうした女性にもう一度チャレンジする機会を与えるようにしてほしいものです。

30代は育児休業や短時間勤務だった女性社員も40代になったら研修に出し、人事異動をさせ、責任あるポストに就かせるというようなハイパー・マミートラック（母親向けの高度職業コース）があってもよいのではないかと思います。

もちろん男性も子育ての時期は、家庭中心に働くダディーコースを選択できるといいです。また40歳を過ぎてから正社員として再就職するという選択肢も、ほしいです。

30代までに良く働き良い評価を得られないと、それ以後は敗者復活はなくドロップアウトだと決めつけないで、再チャレンジできる働き方が、これからの少子高齢化社会、一億総活躍社会では不可欠だと思います。

「女性が働きやすい会社」とは「男性も働きやすい会社」

同じ労働時間でも自分の都合に合わせた時間や場所で働けるかどうか、自分の希望する仕事に就けるかどうかは働きやすさに大きく影響します。特に子どもがいる女性の場合、子どもが病気になった時の看護、学校の保護者会や行事への参加、役所や銀行の手続きなど勤務時間に融通がついたらよいのに、と思うことが多々あります。こうした時間の弾力性（フレキシビリティ）や、研修や異動の自発性を尊重するのがダイバーシティ・マネジメントです。

会社で決められた勤務時間どおり働くのではなく自分の都合に合わせて働けるのは、これまでは自営業や大学の教員など限られた職種だけに可能でした。けれども少しずつフレックスタイム制や在宅勤務を認める企業が増えてきました。ＩＣＴ（情報通信技術）の発達もあり、こうした制度を導入している企業の仕事の効率も上がっているようです。

また、サバティカルリーブ（sabbatical leave）は大学教員には一般的ですが、一般企業でも導入してほしい制度です。7年働いたら1年休みを利用できるものですが、その間に女性は出産してもよいですし、男性は留学しても、ボランテイア活動をしてもよいでしょう。同じような働き方をするのではなく、別の生活をすることで新しい見方や能力を身につけることができます。女性だけ出産・育児休暇があり、多様な経験を積めるのは不公平だという声にも応えることになるでしょう。

もうひとつはポストの社内公募です。人事を上からの辞令一本で決めるのではなく、本人が希望して立候補する仕組みです。応募するには一定の条件を課すにしても、自分の希望する仕事に就けば張り切って勉強し成果も上がるでしょう。

さらに一歩進んでフリーエージェント制もあり得ます。10年あるいは15年勤続して水準以上の成果を上げている社員には、希望すればフリーエージェントとして自由度を与え、社内公募の仕事だけでなく、自分の希望するポストで働くことができる、あるいはほかの仕事、たとえば大学で教えるとか、公的な機関の委員になるなどの自由度を認めるという制度です。

こうした弾力的、自発的な働き方が提供できるのは優良企業だけ、厳しい競争にさらされている企業にそんな余力はないという批判がありそうですが、こうした企業で働きたいと願う希望者は多いでしょう。優秀で創造的な社員ほどこうした働き方を希望するはずです。才能を持つ人を引きつけるにはこうした弾力的、自発的な働き方が誘因になります。

石川県の共和電機工業は、フルタイム勤務か短時間勤務かを選択することができ、孫の世話のために利用できる制度「まごサポ」や、夏休みなど子どもの長期休暇にも利用できる短時間勤務制度など、弾力的なサポート体制を整え、社員のモラルを高めています。

「女性の働きやすい企業は男性も働きやすい企業だ」と言われていますが、具体的にこうしたフレキシブルな働き方によって、クリエイティブな人材を引きつけ、力を発揮させるのがダイバーシティ経営であって、数のうえで女性や外国人を採用する、登用するということだけではありません。

そしてこのような職場では個人の業績、貢献が明確になることが必要です。客観的な評価の基準が明確になっていることも有能な女性、男性にとって働きやすい職場の条件です。

「垂直型ワークライフバランス」のすすめ

日本の企業は正社員を減らし、非正社員を増やし続けています。人件費の低い中国やインドなどの国々と競い利益を確保するために、日本の企業は人材育成の分野に投資しなくなりつつあります。数が少なくなった正社員の責任は重くなり、労働時間が長くなったこともあって、健康を害したり、心の病になったりする人もいます。こうした状況の中からワークライフバランスが大事だという声が高まり、政府でも「働き方改革」の重要施策として残業を減らそうと呼びかけています。

2014年の日本の労働生産性を見ると、OECDの中で21位と低迷しています。世界で強い競争力を持つ製造業では、先進国平均より高いものの、流通、サービス、農業、公務などでは平均をかなり下回っています。また製造業でも工場の現場の生産性は高いのにホワイトカラーの生産性は低くなっています。工場では効率化が進められているのにオフィスでは遅れている、流通や営業には無駄な時間が多い、というのが実情です。

今まで日本のホワイトカラーの男性正社員は、「24時間戦えますか?」という栄養ドリンクのCMのように、労働時間を短くしようと考えないで働いていました。家庭のことは妻に任せる。長時間働けば残業代もつくし、上司、職場の覚えもめでたい、と。

それでも最近は30代以下の若い男性の中には働きながら自分の時間を作りたい、自分も子どもの育児や教育にしっかりかかわりたいと願う男性も増えてきています。ワークライフバランスと言うと家族を持つ働く女性だけの問題と思われがちですが、今や働く人すべての課題になってきています。

しかし、私が違和感を持つのは「ワークライフバランス=残業をしないこと」と考えられていることです。確かに無駄な残業をなくし、プライベートな生活を充実させることは男性にとっても女性にとっても重要です。しかし職業人生の中のある時期には、残業でも何でもしてこの仕事をやり遂げたいと思うことがあります。めったにそうした機会は訪れませんが、そうした時はワークライフバランスとか、残業制限とかにとらわれず全力投球してもいいのではないかと思います。良い上司に恵まれ、時代の要請に応える仕事をしていると疲れもあまり感じません。自分で納得して仕事をすることができるか、与えられた仕事をこなすだけかによって疲れ方はまったく違います。

フレックスタイム、在宅勤務、社内職務公募などで自分の都合に合わせた弾力的な働き方ができるかどうかも重要な要素です。

逆に、たとえ労働時間は長くなくても「こんな仕事は無駄だ」と思っていたり、担当している仕事に意義が感じられないとか、上司や同僚が仕事を押しつけるなど、不愉快な環境では疲れを感じます。むしろ私はいつもワークとライフのバランスをとるのではなく、人生全体でバランスをとり、ある時は仕事に全力投球、ある時は家庭に比重を置く、ある時は個人の勉強に時間を割くというようにメリハリを利かせるのがいいと考えています。それを企業や雇い主の側が決めるのではなく、個人が自分で裁量できるのが望ましい働き方です。

これをワークライフインテグレーションとか、ワークライフマネジメントと言う人もいますが、私は「垂直型ワークライフバランス」と名づけています。自分の職業生活の中でいつの時点でも仕事と生活のバランスをとるのでなく、その時々で重点を変えるものの、トータルで長期的に見たらバランスがとれているのが望ましいのではないかと思います。

そう言うと今の日本は30代、40代は働きすぎ、60代、70代は働かなさすぎで、トータルでバランスがとれているではないかと反論されそうです。ポイントは年代ではなくて自分の選択で比重の置き方を変えられるということです。今は、会社が個人の事情を配慮せず、中堅なんだから働け、もう年だから役職定年と、人事のイニシアティブをとっています。イニシアティブをとるのが自分なら、決して健康や心を病むことはないと思います。

どうしたら長時間働かなくても生産性を上げることができるのでしょうか。

ひとつは保育所に迎えに行かなければならない母親・父親社員のように、終了時間を明確にしてそれ以後の会議や打ち合わせを入れないだけでなく、朝から計画的に一日の仕事を配分することです。たとえば集中して書類を書く時は個室にこもる、電話はいつも出るのではなく、折り返しかける時間帯を設定するなどの効率を上げるテクニックもあります。けれども何より大事なのは、取捨選択(しゅしゃせんたく)と優先順位づけです。

まず重要で緊急性の高いものから手をつけ、時間がなければ重要度、緊急度の低いものはできなくても良しとするのです。重要でない仕事には時間とエネルギーをかけず、50%、30%、20%の出来で良しとするか、時には切り捨てなければなりません。その代わり重要な仕事には90%以上の出来をめざししっかり取り組む。そのメリハリなくして労働生産性を上げることはできません。

先輩から後輩へのマンツーマン指導で士気を高める

女性社員は誰の言うことを一番まじめに聞くのでしょうか。親？　上司？　恋人？　もちろん愛情をこめたアドバイスは誰が言おうと重要なのですが、実は女性社員が一番気にするのは仲間や先輩の眼であり、言葉です。上司から注意されるより仲間や先輩が「それおかしいよ」と注意するほうがグサッとこたえます。心理学でもピアカウンセリング（同じ立場の仲間同士のカウンセリング）、同じような悩みを抱えている者同士の話し合いが、効果があることは知られています。

キャビンアテンダントや宝塚歌劇団は華やかに見えますが、その内部では先輩後輩のけじめが厳しく礼儀正しいことで知られています。お化粧や服装、髪型も細かく注意されるそうです。それは上司が命令するからそうなのではなくて、お互いがお互いを高めようとチェックしているのです。

モーニング娘。のメンバーの一人と対談したことがありますが、グループの中でも、新人に対しては「教育係」が指名されるのだそうです。挨拶、髪型、服装、振る舞いなどを、歳もあまり違わない先輩が厳しく教えるわけです。一方、厳しく注意されたと落ち込んでいると、別の仲間が「あの人はあなたのことをとても有望株と期待しているそうよ」とフォローしてくれるそうで、仲間意識も高まるようです。後輩に教えるために先輩も口のきき方や仕事への取り組み方を自分で反省し、お手本になろうと努めるので双方にとても効果があるようです。

私自身のことを振り返っても、若手のころに具体的な仕事を教えてもらったのは上司より先輩であり、同僚だったような気がします。昔は日本の職場には鬼軍曹と言われるようなたたき上げの実務にたけたベテラン社員がいて、新人を鍛え上げました。それでも女性に対してはそうした鬼軍曹も手心を加えたりしていましたし、今は男性に対しても厳しい先輩は少なくなりました。それでも自信を持って言えるのは、女性社員の育成は上司が指導するだけでなく、先輩や同僚が教え導くような環境を作るのが効果的だということです。

そのためには一人一人を後輩の指導係に指名したり、グループとしてプロジェクトを担当させたり、接客に当たらせたりすると効果があるようです。岡目八目というか、自分のことは夢中で気がつかなくても、同僚や後輩の言葉使いや礼儀にはよく目が行き届きますから、それをしっかり後輩に伝えるような仕組みを作るのです。そうしたリーダー的な女性を見出し、信頼関係を築くのが上司の力量です。役職に就いていなくても仲間の女性をまとめる力のある女性は、しっかりしていて思いやりがあります。こうした陰の実力者の女性を発見し、その力量を認めサポートすることができれば、そうした女性たちはとても心強い戦力として上司を助けてくれるはずです。

そしてこのようなリーダー的な女性を日の当たる場所に出し、次の世代の管理職として育成していくことによって女性人材の層が厚くなっていきます。

キャリアパスの「可視化」でやる気を引き出す

第1章の「ロールモデルに固執しない」で、今の日本の職場ではロールモデルがいなくて当然と言いましたが、確かにロールモデルがいないと10年後の自分、20年後の自分が見えないというのは課題です。実は現在管理職や取締役に女性を1人か2人登用している企業は多いのですが、あとが続かない、と困っている企業がたくさんあります。上級管理職に就いている女性も、その人たちは特別頑張ったか、ちょうど運良くいい出会いに恵まれたか、いずれにしても「特別の人」という存在です。この人たちが若い世代の女性のお手本にはならない企業もたくさんあります。

今組織に求められているのは「ちょっと私と違う」ロールモデルではなく、多くの女性がキャリアを積み上げていく道筋、すなわちキャリアパスが見えることです。今携わっている仕事が将来の役に立つ、産休・育休で休んでも元に戻れる、そうした手ごたえがあれば女性は勤続します。

ゴールドマン・サックス証券副会長のキャシー松井氏は、日米女性調査で日本で女性が仕事を辞める一番大きな理由は「将来のキャリアが不満だから（63％）」「キャリアが行き詰まっているから（49％）」だと言っています。キャリアに対する不満のほうが育児（32％）や介護（38％）より大きいのです。むしろ保育所が整っていないアメリカのほうが、育児（74％）を理由とした退職が多くなっています。

多くの企業では、今でも女性活躍3.0時代のワークライフバランス神話にとらわれ、出産、育児で休職する女性に配慮して責任のない仕事、残業のない部署に配置することが多いのですが、それが女性たちには「自分はもう期待されていない」「もう落ちこぼれた」と感じられるのです。就職してから子どもを持つまで男性並みに働いてきた意欲のある女性ほど、挫折感が強いようです。私は女性たちに対しては、長い目で考えよう、育休で少し遅れてもいくらでも取り戻せると言っているのですが、企業の側でもこうした女性の不安に対処すべきです。お互いに安心して働けるためには、双方向の情報が必要です。

多くの企業では悪気でなくむしろ厚意で、理由を言わないまま子どもが小さいから無理をしなくてもよいポストに就けています。しかし、思い込みで配慮をするより、まず本人の希望を聞きましょう。意欲があって母親や義母のサポート態勢もあって、半年ほどで復帰し、しばらくは慣らし運転をするにしても1年以内に戦線に復帰できる女性もいれば、1年以上育休をとっても保育所に入れられず、助けてくれる人も周りにいない女性もいるなど、個々の女性によって状況は異なります。本人の意向確認は欠かせません。また、生まれたあとの子どもの健康状態や家族の状況の変化もありますから、短時間勤務やフレックスタイムが選択できる機会を複数提供しましょう。

そして何より大事なのは3年後か5年後か10年後か（人によりますが）、育児の山を越えたらまた戦線に復帰できるという見通しが持てることです。先輩でそんなコースを歩いた人がいなくても、会社が考えている出産後のキャリアパスのモデルを提示するなど、女性たちが10年先、20年先までの長期展望を持てるような仕組みを作りましょう。キャリアパスは、将来を約束するものではなく、ロードマップ（道しるべ）です。

日本人はどのように仕事を覚えてきたか

現代にはいろいろな職業がありますが、日本人は仕事を成し遂げる力をどのように身につけてきたのでしょうか。その中で女性たちは時代によってどのように働き方を変えてきたのでしょうか。ここで少しこれまでの働き方を振り返ってみましょう。そうすることで、今後どのように働けばよいのか見えてくるはずです。

江戸時代から戦前まで農業など多くの職業は世襲され、子どもは親から仕事をするうえでの知識や技術だけでなく、働くうえでの心構えも教えられてきました。女性も商業や農業、家事・育児にかかわる知識や技術や、家族と仲良く暮らす知恵を、親や家族から教えられました。

親のあとを継がない場合は親方のもとに徒弟として住み込んで生活しながら技術を教えてもらったり、商店に丁稚（でっち）や女中として住み込んで商売のやり方を教えてもらい、一人前になって独立するなど、体系的に教えられるよりも、オンザジョブで仕事をしながら職業に必要な力を身につけるのが一般的でした。

この養成方法は企業になっても受け継がれました。日本企業が活力に満ちて成長していた高度経済成長期には企業は中学や高校を卒業した青少年を採用し、職場で働きながら仕事を覚えさせました。若い社員が長い時間をかけて先輩から教えられ、鍛えられ熟練工と呼ばれるまでの技術を身につけ、チームワークで仕事をこなし、後輩を育て、地位や給料が上がっていきました。定年まで働く終身雇用と、先輩が後輩に追い越されることのない年功序列が前提だったので、先輩たちは後輩に惜しみなく自分の知識や技術を教え、スキルを磨くよう指導しました。

これはホワイトカラーも同様で、新卒で入った社員は職場で必要な知識やノウハウを覚えていきました。大学の法学部を出た人が財務や経理に回され、文学部を出た人が営業に回されるなど、大学時代の専攻はほとんど考慮されませんでした。これは日本の大学教員に研究重視の傾向があり、企業の必要とする実践的な力を持つ人材を養成してこなかったためでもあります。企業は大学の教育に期待せず、入学試験でふるい分けられた「優秀な」人材を採用し、自前で養成しようとしました。

その際にも事務系の社員に対しては、専門的分野の職業人より、総合的な管理職養成をめざし、営業、経理、生産、企画など複数の分野の仕事を体験させ、工場や支社支店など地方勤務も織り込まれました。その結果「何でもできるけど何にもできない」と揶揄されるような管理職も一部にはいましたが、技術の進歩や産業構造の変化などにも解雇ではなく、社員の配置転換や教育訓練で乗り切り、雇用の安定を確保することができました。経営や生産の技術の継承も比較的スムーズに行われ、日本経済が成功する大きな要因となり、日本的経営として賞賛もされました。こうした日本型雇用はジョブ（仕事）中心の欧米と異なりメンバーシップが重視されました。正社員としてメンバーシップを獲得した人は、終身雇用を保障される代わりに、長時間残業、転勤、出向など会社都合の人事に合わせなければなりませんでしたが、女性はこうした職場のメンバーシップ社会からはみだしていました。

今後求められるのは組織管理力

しかし、1990年代初めにバブルははじけ、日本が長い不況に苦しむ中で企業もそうした日本的な人材養成をする余裕を失い始めています。それが、先に述べた非正社員の増加につながっているわけです。非正社員の増大の最大の課題は彼らの労働条件が低く不安定なことだけでなく、職場での教育訓練を受けて人材として養成されないことにあります。そういう人が増えていくと、日本全体が貧しくなっていきます。

また大学進学率が50％を上回る中で、大学に対して企業からは職業人、社会人としての能力を身につけた人材を養成するようにという要請も強くなっています。それが内閣府の人間力の養成、文部科学省の学士力の養成、経済産業省の社会人基礎力の養成などとして表現されています。

内閣府は『人間力戦略研究会報告書』に以下のように記しています。

・人間力

①「基礎学力（主に学校教育を通じて修得される基礎的な知的能力）」「専門的な知識・ノウハウ」を持ち、自らそれを継続的に高めていく力。また、それらの上に応用力として構築される「論理的思考力」「創造力」などの知的能力的要素

②「コミュニケーションスキル」「リーダーシップ」「公共心」「規範意識」や「他者を尊重し切磋琢磨しながらお互いを高め合う力」などの社会・対人関係力的要素

③「知的能力的要素」および「社会・対人関係力的要素」を十分に発揮するための「意欲」「忍耐力」や「自分らしい生き方や成功を追求する力」などの自己制御的要素

文部科学省の人材委員会では、「学士力」には知識、技能に加え、態度、想像力、思考力を挙げています。

また、経済産業省は「職場や地域社会で多様な人々と仕事をしていくために必要な基礎的な力」（「社会人基礎力」）として、「前に踏み出す力」「考え抜く力」「チームで働く力」の3つの能力を挙げています。

各省が職業人に必要とされる力として打ち出している資質の多くは、基礎的な教養とでも言うべきものであり、大学以前の初等中等教育、あるいは家庭や地域の活動を通じて身につけるべきものが多くなっています。すべての社会人に一般的に必要とされる能力、資質と言っていいでしょう。注意しておかなければならないのは、今後企業が必要とする能力は今までのような「経験に基づき、着実に仕事を推進していく力」や「コミュニケーションをとる力」「チームワークをとる力」より、「新しい戦略・企画を立てる力」や「組織や人を管理する力」が求められていることです。女性たちもこうした力をどのようにして身につけるかが、これからの大きな課題となっています。それが職業人としても必要な力であることは、言うまでもありません。

専門性の上にあぐらをかかない

企業の中で養成される職業能力とは別に、専門的な職業能力を外部で証明される「資格」があります。企業の中で養成される「能力」がその企業の中でしか通用しないのに対して、どの企業でも通用する、あるいは独立して仕事をする能力を証明するのが各種の職業関連資格です。資格には国際的に通用する国際弁護士資格などから、民間の企業が「資格」と称して与えているだけのものまで各種あります。

大きく分けて資格を与える主体によって国家資格、公的資格、民間資格があります。また、その資格を持たないとその仕事ができない、その資格を持っている人だけができるという業務独占の資格から、その仕事をする団体や企業は必ずその資格を持つ人を置かなければならないという必置(ひっち)資格などいろいろな定義があります。

国家資格とは、国が実施する試験により、個人の知識や技能が一定の段階以上に達していることを確認し、その結果としてその権限に基づいて一定の行為を行うことを許可するものです。たとえば弁護士や医師、公認会計士、薬剤師、管理栄養士、専門調理師などさまざまなものがあり、これらは業務独占、名称独占の資格でこの資格がなければその仕事をすることができません。

必置資格には、宅地建物取引業者における宅地建物取引士、旅行業者における旅行業務取扱管理者などがあります。

公的資格というのは主に省庁が認定した審査基準を基に、民間団体や公益法人の実施する試験、たとえば実用英語技能検定や日商簿記検定で一定以上の成績の者に与えられます。基本的には特別な権限が与えられるものではなく、多くは受験者の実力を級別に認定する検定という性質のものです。

民間資格はさまざまな民間の団体、企業、業界などが行うものですが、TOEIC、TOEFLのように国際的にも認められている資格もあれば、民間団体が発行するまったく社会で認められず役に立たない怪しげな資格もあります。受講料や検定料をとることを目的としたサムライ商法などもあります。就業・就職がむずかしい中で「資格があれば有利だろう」としっかり調べもせず飛びつくのではなく、その信用性を調べ、また自分にとって必要かどうか判断してから受講、受験するべきです。

情報処理安全確保支援士のように、情報社会が進行する中で、企業からのニーズが高く、有資格者が足りなくて引っ張りだこの資格もあれば、キャリアカウンセラーや臨床心理士のように常勤の職になかなか就けない資格、栄養士のように有資格者が多すぎる資格もあります。

もちろん国家資格も含め、すべて資格を取ればそのまま職業人として通用するわけではありません。その基礎の上に研鑽(けんさん)し、経験を積み、さらにその職業にかかわる倫理を守って初めて立派な職業人と言えるようになります。

女性たちは、古い企業社会では企業から職業人として育てられず、メンバーシップ社会の中で人材養成してもらえなかったので、自分の能力ややる気を証明したり、転職や再就職をする際の拠り所として、また再就職や組織の外で働くうえで資格は有効でした。

これからも、資格・専門的能力を持っていることは有利です。女性だけでなく、男性も資格志向を強めていくでしょう。しかし、社会から必要とされる資格も専門的能力も、時々刻々と変わっていきます。資格を取っても、専門性の上にあぐらをかくのではなく、それを広げていく、磨き上げていく努力が必要です。

今後、多様性を生かすというダイバーシティ・マネジメントが定着していけば、会社任せではなく、自己責任でキャリアを選択していかねばならなくなります。改めて自分はどういう働き方をしたいのか、そのための能力はあるか、自分でキャリアを設計しなければなりません。長い人生の中では、緩急をつけることも必要です。その時に、資格は武器になります。

企業も、今までと異なる人事管理、たとえば「多様で柔軟な働き方を社員が選択できる」「担当する職務や貢献度、成果による賃金制度を設ける」「職務や勤務地の変更は本人の同意を得る」など、個別管理、自己選択型の要素を取り入れていくはずです。そうしないと、クリエイティブな能力を持つ人材は逃げていきます。

こうした変化の時代に、女性も一昔前の男性の働き方を真似るのでなく、自分に適した働き方を設計していきましょう。

女性登用のパイプラインを構築する

イギリスにはサッチャー首相以来の女性のメイ首相が誕生し、ドイツやチリなどでは女性の首相、大統領がしっかり仕事をしています。2016年のアメリカ大統領選挙では、「ガラスの天井」の前に再びヒラリー・クリントンは涙を飲みました。

女性の進出を阻んでいるガラスの天井は、なかなか強固です。

女性の経営層への進出を応援しているCATALYST（カタリスト）という非営利法人の調査によると、アメリカでは管理職全体に占める女性の割合は43％を超えていますが、ほとんどは初級管理職レベルで、中級、上級、経営層と上に行くほどその割合は低下していきます。どうしたらもっと上級管理職に就く女性を多くできるか、「グラスシーリング（ガラスの天井）かパイプラインか」と問題提起しています。

欧米では初級・中級管理職の女性は日本よりかなり多くて、もう当たり前になっていますが、まだ上級管理職や経営層では男女差があります。そうしたトップへの昇進を個人の努力や幸運にゆだねるだけでなく、次世代リーダーとして組織的に養成し上に送り込まなければならない、すなわち女性を上級のポストに継続的に送り込むパイプラインの構築が必要だということです。

では欧米には程遠く、まだ初級管理職レベルの登用が始まったばかりの日本では、どうしたらパイプラインを構築できるのでしょうか。

まずは数、一定以上の人数を登用することです。初級レベルの管理職になった年ごろの多くの女性社員の中から特別頑張っている人だけ、特別学歴や資格で優れている人だけでなく、少なくとも数人、できれば10人以上を将来の幹部要員としてプールし、その人たちに少し高い課題、重い責任を与えて鍛えるのです。中にはそれに耐えきれず、途中で脱落者が出るかもしれません。それでも残った女性の中から中級管理職へ、さらにその中から上級へと進んでいく人が選ばれるようにします。男性も、そのようにして次世代経営層が選抜されていきます。「大抜擢」されたと騒がれる男性でも、そのキャリアを見ると、他の候補者より最後の段階で1、2階級飛び越すことはあってもそれまでに早いうちから初級・中級の管理職としての経験を積んでいます。強調したいのは、特定の女性だけ大抜擢をしてもあとが続かないし、登用された女性にとっても組織にとってもリスクが大きくなることです。

将来経営層まで女性を登用するには、この幹部候補生の人材プールに毎年新しい候補者が加わり、毎年何人かが昇進していき、パイプが詰まらないで上まで続いている、そういうパイプラインの構築が必要なのです。

日本でもキャリア公務員の場合、一種（総合職）採用の新入職員はすでに30％を超えていることもあり、養成選抜のノウハウが蓄積されています。係員として1、2の部署を経験して3、4年で係長になり、地方出向で管理職を経験し、課長補佐で帰ってきて、本省の管理職になりいくつか課長を経験してから審議官、局長という大まかな道筋が見えます。もちろん省庁による差や個人差があり、1、2年のずれが出たりしますが、男女を問わず多くの公務員はそのように養成され、今では女性もそうした流れから排除されることはなくなりました。一応パイプラインが構築されていると言えるでしょう。企業もぜひそうした幹部養成のルートに女性を乗せるようにしなければなりません。

女性を専門職に閉じ込めない

長い間女性の働き方として人気が高かったのは専門職です。資格を取って働く専門職では教職、看護職、薬剤師などで女性が活躍しています。企業の中でも経理のベテラン、人事・社会保険のベテラン、広報のベテランなどの社内専門職として活躍していた女性は多く、そうした働き方は「女性向き」とされてきました。多くの企業内にはそうした「余人をもって代えがたい」働きをしている女性がたくさんいます。

確かに出産、育児のライフイベントがある女性には、転居を伴う転勤、突発的な残業などのある総合職はきついところもあります。しかし、私は女性たちには社内専門職の殻に閉じこもらず、勇気をもって手を挙げ新しい分野にチャレンジしようと呼びかけてきました。なぜかと言うと、社内専門職は安定した仕事ではありますが、将来性が乏しいからです。勤続20年で主任、係長、30年で課長相当にいけば上出来。お給料も、それ以降はそれほど上がりません。それがどの企業でも通用する資格を有している人（弁護士、医師、公認会計士など）との違いです。

慣れている仕事は自信を持ってできて負担が少ないので、他ですること——育児や介護などしなければならない仕事——との両立が可能です。しかし、子どもの手も離れ他に両立すべき仕事がない時期なら、仕事は変わるべきです。新しい分野にチャレンジしましょう。社員の能力開発、成長という観点からも人事異動を経験したほうが有利です。同じ仕事を4、5年もすればわくわくする手ごたえは減ってきます。女性に対しては、そのまま余人をもって代えがたい存在になるなと第2章で呼びかけましたが、企業も後継者を養成し、本人は別の仕事を経験するような人事計画を立てるべきです。一世代前の女性社員はどうせみんな出産、育児で退職するだろうと思われて、とくに人事計画も養成計画も立てられませんでした。その中で辞めなかった女性社員が、ベテランの社内専門職になったというのが実情です。

男性の多くは、総合職としていろいろな経験を積み上級管理職となり、その中から経営陣に昇進する人もいます。理工系を専攻し、若いうちは技術者として働いていた人にもキャリアの半ばで経営の分野の仕事も経験させ、育てるケースがあります。

女性社員も若いうちに2、3回異動を経験し、そのあとは適性に合った仕事には長めにいてもよいですが、少なくともこの仕事しかしない、できないという社員にすべきではありません。

私は公務員時代多くの人事異動を経験しましたが、何でもできるけれど何にもできないいわゆるジェネラリストにはなりたくない、自分の専門を持たなければと自分なりに努力しました。そして専門はひとつだけでは苦しい、せめてふたつ、できれば3つの強い分野を持つべきだと思い、女性政策のほか、高齢者問題、国際関係の勉強も続けてきました。

ベテラン女性社員もふたつ、3つの得意分野を持ってほしいと思います。

能力以下の仕事をして処遇に満足していない社員は、男女とも「お荷物」となり、本人の誇りも傷つきますし周りにも悪い影響を与えます。いわゆるお局様となっている女性の多くは、本来ならばしっかりした仕事のできる有能な女性です。

ぜひ女性社員を専門職に閉じ込めず、将来経営陣にもなれる広い経験を持たせる人事計画を立ててほしいものです。

第6章

女性の活躍で社会が変わる

これまでは日本人の勤労者の均質性が、モノづくり主体の産業の発展に大きく寄与してきました。一方、組織のメンバーには忠誠心が求められ、個性は抑圧されて組織に合わせなければなりませんでした。

しかし、産業の情報化・サービス化が進むとともに、多様性を重視したほうが生産性が上がるという結果が出ています。24時間戦うような働き方ができる人はどんどん減る中で、どうしたら生産性を上げることができるのでしょうか。それはイノベーションしかありません。今までと発想を変えて、新しい試みをするところからイノベーションは生まれます。男性たちの働き方に与しない女性たちこそが、新しい流れを牽引していくことができるのではないでしょうか。

女性活躍4.0時代の到来

女性に対する政策は今、第4ステージに入ろうとしています。

第4ステージとは、単に働く女性が家庭と職業の両立を可能とする職場をめざすのではなく、女性の能力や個性を十分に発揮させることを企業の経営戦略として位置づけ、男性の働き方を含めた日本型の職場慣行を根本から見直そうというものです。2015年に成立した女性活躍推進法により、従業員301人以上のすべての企業は女性活躍のための行動計画を策定し、女性活躍に関する情報を公開することが義務づけられました。

女性の管理職、取締役の比率の高い企業が業績が良いというデータも続々と出てきており、女性活躍は社会貢献や人権問題というより、企業戦略に位置づけられるようになりました。

ここで戦後の女性労働に対する変遷を、1から4の段階に分けて見てみましょう。

第1ステージは1947年に成立した労働基準法に象徴されるような「女性労働保護」の時代でした。労働基準法では、女性に産前産後の休暇のような直接の母性保護だけでなく、生理休暇の導入、危険有害業務の禁止、深夜業の禁止など間接的な母性保護も規定していました。戦前の『女工哀史』に描かれたような、職場の底辺で働く弱い立場の女性を守らねばという精神に満ちたものでした。18歳以下の年少労働者と同じく、女性労働者は保護されるべき存在でした。

第2ステージは差別撤廃の時代です。1975年の国際婦人年、1979年の女子差別撤廃条約の採択に見られるように国際的に女性差別を禁止し、性別役割分担を見なおすべきだという機運が高まり、日本でも1985年に女子差別撤廃条約を批准(ひじゅん)し、男女雇用機会均等法が成立しました。女性を差別することは許されないとして男女別定年、福利厚生が禁止され、のちにはセクハラ防止が雇用主に義務づけられました。募集、採用、昇進についてはまだまだ男女の差が当然のように横行していましたが、多くの間接的な母性保護は原則撤廃され、「均等待遇」「差別は禁止」に変わりました。

第3ステージは育児支援、両立支援、勤続支援です。1989年のいわゆる1・57ショック（女性が生涯に産む子どもの数が1・57と史上最低となった）により、出生率の低下、労働力人口・総人口の減少、高齢化の進展に政財界の危機感は高まりました。それまで成立しなかった育児休業法が1991年に成立し、6次にわたって強化されました。女性雇用者が育児休業を取り職場に復帰できるように職場の制度が整備されました。女性社員の育児休業とその後の復帰を可能とするのが企業の社会的責任とされ、福利厚生の一環として仕事と子育ての両立支援のさまざまな取り組みが行われ、ワークライフバランスが強調されました。しかし、非正社員の女性にはこうした制度は利用できないままでした。育児休業明けに子どもを預けられる保育所が十分でないことも問題でしたが、男性正社員の長時間労働や転居を伴うような転勤という日本型雇用慣行がそのままで、女性にだけ手厚い育児支援を行うのは企業にとって負担感を高めるだけでした。

ところが今、女性活躍の第4ステージは静かに始まっています。過去の経験から多くの企業はまだ女性労働者はコストのかかる、扱いが面倒な存在としていますが、いくつかの先進的な企業は女性の活躍と男子社員の働き方の両方を見直し、女性たちの活用に成果を上げ始めています。また人手不足が深刻になり始めた中小企業でも女性の活躍は現実に始まっています。

そして女性の活躍を推進するには、新しい働き方と新しいリーダーシップスタイルが必要だと考えられています。単に女性管理職や女性の取締役の数と割合を増やすのでなく、女性の能力を経営に生かそう、変化の起爆剤にしようというように女性活躍を企業戦略と位置づけるのが第4ステージです。

女性労働力率の高い国が国際競争力を強めている

日本の女性の就業率（15歳から65歳の人口のうちで実際に仕事に就いている人の割合）は2015年にアメリカを抜きました。

第5章にも紹介したゴールドマン・サックス証券のキャシー松井氏が、女性の労働の増大が日本経済に寄与するという「ウーマノミクス」を提唱したのは1999年でしたが、その当時は経済界の人にはほとんど注目されなかったということです。女性が女性の活躍が必要だと言っても、「また言っている」と注目されないのが常でした。ヒラリー・クリントン国務長官（当時）は２０１１年９月、ＡＰＥＣの「女性と経済サミット」における演説で「日本の女性労働力率が男性並みに上昇すればＧＤＰは16％上昇する」と述べています。また、ＩＭＦのクリスティーヌ・ラガルド専務理事は２０１２年10月に発表されたＷＰ「女性が日本を救うか？」を紹介し、「日本の女性労働力率がイタリアを除いた他のＧ７並みになれば、１人当たりのＧＤＰが４％上昇する。世界で一番進んでいる北欧並みになれば８％上昇する」と述べています（『平成23年度版男女共同参画白書』）。

しかし２０１２年に安倍総理が再び政権に復帰してから「日本の社会経済の再活性化のためには女性の活躍が不可欠」として政策発表の場でもしばしば言及し、国連総会やダボス会議のような機会にも女性の活躍を推し進めると宣言しました。２０２０年までにあらゆる分野の指導的な地位の30％を女性にという目標は長いこと顧みられていませんでしたが、再び日の目を見るようになりました。この目標を決定した２００３年当時、福田康夫官房長官（男女共同参画担当）の下で局長として携わった私としては、感慨深いものがあります。

そして2015年8月に女性活躍推進法が成立し、2016年4月から施行されました。ところで、改めて今の日本の女性の状況を概観しましょう。

ダボス会議の主催団体「世界経済フォーラム」の調査によれば、国会議員や企業の管理職数、賃金の男女比率に基づく「ジェンダーギャップ指数(GGGI)」で日本は2016年、144カ国のうち111位でした。

これは日本社会で「女性は家庭で家事育児介護を担い、男性が長期安定雇用の職に就き収入を稼ぎ家計を支える」という1960年代の高度経済成長期からの役割分担型のシステムが残り、新しい時代に対応できていないからです。実は高度経済成長時代以前は日本の女性は農業・商業などの家族労働者として働いていたので労働力率は高かったのですが、自営業・家族従業が減り、雇用者が増える中で、「専業主婦」が増えました。

現在女性労働力率の高い北欧諸国は国際競争力も強めています。言い方を換えると、国際競争力を強めている国々は女性の働きやすい環境を整備しています。男女ともフレキシブルに働き、多様なバックグラウンドを持つ人たちが全員、公正なルールのもとに能力・適性を発揮して社会を築いているので、国際競争力も強いのです。非正社員を増やして人件費を削減することで国際競争力を維持してきた日本とは大きな差です。

ちなみに国際経営開発研究所（ＩＭＤ）の競争力ランキングによれば日本は26位（61カ国中）です。上位にはシンガポール、アメリカ、スウェーデン、カナダ、ノルウェーのように女性の活躍の度合いが高い国々がランクされています。

ドイツのメルケル首相、イギリスのメイ首相など大統領、総理大臣、閣僚として活躍する女性も世界中で増えています。アメリカでは女性大統領は誕生しませんでしたが、世界の流れに逆らっています。

一方、日本では女性の平均寿命は87歳と男性より長寿で、健康です。乳幼児死亡率も低く、医療衛生水準は高く、犯罪は少なく、安全な暮らしをしています。また家庭の中では母親は尊重され、主婦が家計、教育を取り仕切っています。もちろん母子家庭、家庭内暴力で苦しむ女性など、困難な状況にある女性への支援は日本でも大きな課題ですが、ここでは政策決定、指導的な立場に占める女性の割合を見てみましょう。

政策決定への女性の参画は少ないのが実情です。日本の衆院議員に占める女性の割合は9・5％、管理職に占める割合は10・6％に過ぎません。

１９８５年の男女雇用機会均等法、１９９１年の育児休業法の制定とその後の数次にわたる改定の結果、法制上は機会均等が保障され、出産、育児との両立を保証する環境が整いつつあるのにこの数値です。これまで女性の昇進を妨げていたのは勤続年数の短さでしたが、法整備によりM字型と言われていた出産・育児期の労働力率の低下も少なくなり、勤続する女性が増えています。30代前半で労働力率はやや低下していますがそれでも7割で、生涯を通じて働く女性は増えています。大学進学率も上がり、専門職に占める女性の割合は高くなっています。採用時には女性のほうがしっかりしている、成績も良いと採用担当者は口をそろえます。実務レベルで女性の能力・実力を疑う人はいません。

日本ではなぜ女性のリーダーが少ないのか

なぜ、日本では女性のリーダーが少ないのでしょうか。

①まだ女性の教育水準が男性をやや下回り、大学院進学では大きな差がある。理工科系は少なく、法律・経済系も下回っている

②家事、育児、教育、介護などの責任が女性に偏り男性が分担せず、支援サービスも十分ではない

③女性のリーダーに対する偏見があり、採用後十分な教育・訓練・育成が行われず、リーダーになる機会が少ないことから経験が不足している

④企業が女性リーダーの必要性と有効性を認識せず、政策的にもポジティブアクション（男女の労働者の差の解消に、企業に自主的に取り組んでもらう）や強制的措置が取られなかった

⑤女性自身がリスクをとってリーダーになろうとする意欲が少ないなどの理由が挙げられています。①から④までは社会の責任、⑤は女性自身の責任とされますが、①〜④の状況が反映するのでしょう。

①については理工系に進む女子学生を増やす政策対応が行われているのみならず、各大学が女子学生を引きつける努力をしているので、少しずつ変わり始めています。

②は、ガス・水道の整備、家庭電化製品の普及や外食サービス、コンビニエンスストアなどの発達で家事は軽減されています。問題は育児、介護サービスで、需要の伸びに供給が追いついていません。働く母親が増えて保育所へのニーズが増大しているので保育所定員は増やしていますが、待機児童の解消がまだ大きな課題です。

高齢化社会にあっては、介護も大きな課題です。男性も介護に直面して問題が顕在化していますが、女性にとって大きな負担となっています。

③と④は分かちがたく結びついています。女性たちが実績を積み、実例を見せていくこ

とで周囲の認識は変わると思いますが、それを加速する取り組みがもっと必要です。
④は日本の多くの企業や組織ではまだ女性の必要性を認識しておらず、女性の活躍を経営戦略として認識していませんでした。政府もクオータ制（採用枠を決めるなど、一定の比率を配分する）や、ポジティブアクションを強制する力がありませんでした。日本の企業、公務の世界で女性の管理職・幹部が少ないのは日本が同質性を強く志向する社会であることが影響し、④、⑤の対応が不十分だったからです。
日本の企業・組織は同質性を高め、助け合い、工夫改善をして成果を上げてきましたが、多様な人材が協力して物事を成し遂げるのは不得意でした。しかし、今や多様化を重視して社会や組織にイノベーションを起こし、成果を上げることが求められています。

女性のリーダーを増やすための3つのステップ

女性が能力・適性を発揮し成果を上げているのが見えるようになるには、ある程度のリーダーの数が必要です。その数が、今はあまりにも少ないのです。どうしたらまず数を増やすことができるのでしょうか。

女性のリーダーを増やすためには、３段階があり、第１段階は女性が力をつけることです。男性と同じ基準で女性も高い教育を受け、専門的職業能力を持ち、ＩＣＴや語学などスキルを習得することです。ここは男女の区別はいりません。日本では女性も56・6％が大学・短大に進学していますが（２０１５年度）、大学院は男性の半分程度にとどまっています。もっと理工系、法律、経済、そして大学院にも進むよう中高生への働きかけも大事です。

第2段階は職業を遂行する知識やスキルの基礎を持ったうえで、社会人・組織人としてのルールやマナーを知りコミュニケーション力を磨くことです。そして長期的展望を持って、人生設計をすることです。メンターやロールモデルからも学び、学校を卒業し、職業に就いてからもこうした力を養い続けなければなりません。

第3は良きリーダーシップを身につけることです。皆を納得させ、奮い立たせる目標を提示する、自分の利益だけを図らず他者の利益、社会の利益を優先して考え行動することができる、弱い人や困っている人に対する共感といつくしみを持つ、苦労や犠牲をいとわない、未熟な人を育てる。こうした新しいリーダーシップを身につけることが、女性のリーダーにとって不可欠です。

女性のリーダーは男性と同じような働き方で競うのではなく、男性と異なる理想やビジョンを持ち、それを実現する新たな手法を確立しなければなりません。

今こそ男性的な価値観——ライバルに打ち勝って、より多くの権力や所得を得ること——がリーダーの役割でなく、今は日本の社会でも助け合い、学び合い、育て合うことをめざす女性的なリーダーが必要とされているのではないでしょうか。女性のリーダーの数を増やすだけでなく、良いリーダーを増やすことが必要なのです。

「働き方改革」は経営戦略である

日本の経済の大きな問題は時間当たりの生産性が低いことです。政府は「働き方改革」「同一労働・同一賃金」の政策を掲げています。今までの正社員と非正社員の処遇が大きく異なる日本型雇用に変革を迫り、雇用形態や勤続年数にかかわらず、同一労働、同一賃金という待遇を促すものです。

もちろん無意味な長時間労働は削減しなければなりません。相互拘束とでも言うか、上司が残っているから、同僚が残っているからという付き合い残業はかなり減りましたが、仕事量が多すぎて過労死、もしくは過労から心や体を病む人は多数います。権限を部下に委譲できなくて、忙しがっている管理職、経営者もたくさんいます。

無駄な会議を減らす、毎日仕事に専念できるよう集中タイムを設けるなど仕事の進め方を変える、週に1日程度自宅勤務の日を作りレポート作成などの作業に没頭するなど、いろんな対策で長い勤務時間を減らし、効率を高めることはできます。

それによって、病院に行く時間がとれたり、大学院の夜間のクラスに出席することができるようになったりするなど、職業人のクオリティ・オブ・ライフが向上します。非正社員を増やして人件費を削減し、少なくなった正社員が過重労働をするという働き方は、持続可能ではありません。人材を使い捨てるのでなく、バッテリーチャージしながら長く働いてもらうのは、労働力の数が減る少子高齢化社会の中でますます重要になります。男性も結婚し、子育てをシェアすれば出生率も少しは上がるでしょう。

人材を人財として大事にするという目標を、スローガンだけでなく現実に実行するには、仕事を効率化したり、職場の人の考え方を変えたりするという大仕事が伴うだけに、経営者の哲学、方針が大きく影響します。バブル崩壊後30年近く、人を大事にすると強調されていた日本的経営は自信を失い、短期の利益を上げ、株主への配当を重視するアメリカ的、いやウォール街的価値観に席巻（せっけん）されました。グローバル競争の中で生き残り勝ち抜き、利益を確保するためにはコスト＝人件費を安くすべきだとコンサルティング会社ははやしたて、学者も経営者も信じるようになりました。しかし、マネーゲームに明け暮れ、新しい製品やサービスを生み出さない株主資本主義に私は懐疑的です。

メンバーシップ型雇用の見直しは急務

女性も社会経済の担い手になることが期待されているのですが、女性の職場進出は日本的雇用を大きく変えるきっかけになるはずです。濱口桂一郎さんが述べておられるように、20世紀後半に確立した日本型雇用は、仕事の範囲が明らかなジョブ（仕事）中心の欧米型と異なり、企業に帰属するメンバーシップ型でした。正社員は定年までの雇用を保障される代わりに、会社都合に合わせて働くことを求められます。長い残業、転居を伴う転勤、人事異動などは女性にとっては無理が大きく、それができないと正規のメンバーとは見なされてきませんでした。

しかし少子高齢化が進んでいること、日本の経済が成熟して終身雇用を維持する体力を失った古い企業が増えていること、新しい企業はジョブ型の働き手を求めていることなど、いろんな要因が重なって日本型雇用の根幹だったメンバーシップ型を維持する企業は減少してきています。女性もメンバーシップ型の企業に正社員として入ることだけを考えるのではなく、プロフェッショナル型、ジョブ型の働き方をめざす選択肢もあります。今はその過渡期で、女性たちの前に働き方は多様に広がっています。

メンバーシップ型社会では、女性は特にメンバーとして受け入れられる「いい子」「いい人」であることを期待されますが、プロフェッショナル型、ジョブ型社会ではどんな仕事をこなす能力があるかが重要です。会社の都合におとなしく従うだけでなく、自分はこんな仕事をしたい、と自分から手を挙げ、自分の考えをはっきり表現し、知らない人とも協力して責任をもって最後まで仕事を成し遂げる、責任ある働き方をしなければなりません。

自分の能力に自信を持ちにくい女性には、なかなかハードルが高そうですが、踏み出してみれば新しい世界が見えてきます。

女性たちは従来の男性社会にパイオニアとして進出していくだけでなく、日本の企業社会が変わろうとしているジョブ型の社会を切り拓くパイオニアでもあります。女性の活躍は、グローバル化を進める企業が、外国人など多様で有能な社員を引きつけ、能力を発揮させることができるかを占う試金石になります。

私は、メンバーシップ社会にどっぷり浸かってそのメリットを十分受けていた日本男性よりも、女性のほうがジョブ型社会に適応できるはずだと考えています。

メンバーシップ型社会だった日本の企業の強みは、中堅層のチームワークが良く、工夫をして改善を重ね、後輩や部下を育てるところにありました。しかし、最近の企業不祥事を見ていると、誠実に仕事を愛してきた日本の中堅層の働き手が疲弊(ひへい)し、使い捨てられる中で現場が弱ってきたのではないかと思います。M&Aをしかけ、設備投資をして、大きな利益を短期間に上げて株主に配当するより、働きやすい職場を作り、ビジネスを持続し、働いている人にも顧客にも社会にも役に立つのが企業経営の目的ではないでしょうか。これが、日本が再生するポイントだと思います。男性もメンバーシップ型社会も、変わらざるを得なくなっているのです。先に挙げた共和電機工業のような働きやすい制度のもとで、社員はいろいろ工夫を凝らし協力して、生産性を上げています。

あらためて働いている一人一人がスキルを磨き、手抜きをしないで誠実に仕事をし、自分の会社や製品に誇りを持つ企業を評価することが必要です。長期的な視点から環境重視の省エネや省資源の新しい素材やエネルギーをつくる分野に進出する、あるいは世界に先駆けて超高齢社会となる日本から高齢者向けのサービスや製品を提供する新しいビジネスモデルを作り上げる。今こそそういう新しい日本の企業が生まれる期待が高まっています。

女性たちがぜひ、その中で大きな役割を果たしてほしいと思います。

これからのリーダーに求められる資質は「多様性」

今、日本がグローバルに生き残るためには、性別・年齢・国籍・宗教などの異なる人を差別せず受け入れるダイバーシティ・マネジメントを推進せざるを得なくなっています。

そんな中、性や年齢や国籍で人を差別せず女性や外国人を登用することは、企業の収益にプラスしない人権尊重路線で、企業の社会貢献活動のひとつ、と思っている経営者がいます。時代遅れの考えですが、いまだに数としては多数派です。とりわけ女性に関しては、少子化対策のひとつとして子どもを持っても働き続ける環境を作るのが社会的責任と喧伝された影響でしょう。

しかし、今や多くの多国籍企業は多様な人材を差別しないという第1段階から、才能のある人なら属性にとらわれず登用、活用する第2段階へ進んでいます。さらに中国やアメリカの企業では、むしろ多様な国籍の多様な経験を持つ人を積極的に登用することで、新しい活力を得ようとしています。

サッカーチームがそうであるように監督は外国人、有力なプレイヤーも外国人、とそれぞれの強みを組み合わせて最強のチームを作るように、企業も世界中から人材を呼び寄せて短時間で最強のチームを作るようになってきています。経営陣のバックグラウンドも多様なほど相互作用で強力になると信じられているようです。日本は企業の構成員の同質性をよりどころに質の高い製品を作ってきたのですが、その「同質性の神話」は崩れつつあり、むしろ「多様なほど強い」組織をどう作るか、もがいています。

ガソリン自動車がハイブリッドカーに取って代わられつつありますが、おそらくこれは過渡期の現象で、それほど遠くない将来電気自動車の時代がやってくるでしょう。人間に代わって、AI（人工知能）が大きな役割を果たすシンギュラリティ（技術的特異点）が生じるのは2045年と予測されています。

エネルギーも石油を燃やす火力発電から原子力発電か太陽、風力、海流発電へ、大きく変わっていきそうです。先が見えない時にはマネージャーでなくリーダーが必要とされますが、明確な見通しは誰にも持てません。おそらくひとつのタイプのリーダーが強力に皆を引っ張っていくのではなく、いろんなタイプのリーダーがそれぞれの組織で生まれ、それぞれのやり方で変革を行い、生き残ったリーダーが次代を担うのではないでしょうか。

それには社内外に多様なリーダーが生まれるような土壌が必要で、今までと同じことを繰り返していては生き残れません。日本では第2次世界大戦のあとの焦土から多くの企業が創業し、高度成長を成し遂げました。ところが、その後、経済が安定し成熟するとともに「和」を重んじ、内向きの合意形成に時間とエネルギーを割くようになりました。また内部で平社員、課長、部長と、与えられたポストで与えられた責任をしっかり果たし、上司の意図をくんで仕事を成し遂げる人材でないとトップまで出世できなくなりました。

これから大きな変動期を迎える日本のビジネス界で、多様なバックグラウンドの社員を差別しないで、十分能力を発揮させるのは急務です。多様な経験を重んじる、多様な価値観を重んじる、そういった中から新しいリーダーが生まれ、新しい組織を作っていくことでしょう。

女性たちがそこで大きく輝くことを期待しています。

おわりに

最後までこの本を読んでいただき、ありがとうございました。

この本は、社会に出て数年たち仕事も少しわかるようになった女性から管理職に就き始めた年代の女性に読んでもらうことを主に想定して書きました。まさしく職場で「いい子」として働くステージから、「リーダー」として働くステージに入ろうとしている女性たちです。

女性たちは、今までの「与えられた仕事を明るくこなし、素直で元気ないい子であるべし」というステージから抜け出し、「組織の有能な一員として責任を持って働くこと」が求められています。しかし、職場のリーダーとして重要なポストに就いているのは仕事第一の男性たち。男性たちが作り上げてきた働き方を女性もそのまま踏襲するのは賢くありませんし、効果もありません。

もちろん、男性の働き方をすべて否定する必要はありません。管理職としての身の処し方など、大いに学ぶべきところがあります。しかし、今はそれにとらわれない新しい働き方はどうあるべきか、女性が生き生きと充実して働くとともにこれからの社会や経済に貢献するにはどうあるべきか考えなければなりません。この本から女性たちが新しい働き方を作り出すヒントを得ていただきたいと願っています。

また、女性活躍はダイバーシティ経営と深く結びついています。今はまだ女性社員の数を増やし、管理職の数を増やす段階の企業が多いのですが、本当に企業を活性化させるためには、女性の数を増やすだけでなく、適性と能力を発揮できる仕組みを作らなければなりません。

女性側がマインドセットを切り替えて戦略的に働くことが求められているように、企業や組織、男性管理職も新しい時代に適応して変わることが求められています。男性読者は少ないかもしれませんが、第4章の「女性社員はこんな男性上司を求めている」、第5章の「女性が活躍する組織を作る」、第6章の「女性の活躍で社会が変わる」だけでも読んでいただければ幸いです。

最後になりましたが、この本を出版する機会を与えてくださった毎日新聞出版の中村由紀人氏、煩雑な編集の労を取ってくださった峯晴子氏に心から御礼を申し上げます。

坂東眞理子

２０１６年　晩秋

著者紹介

坂東 眞理子（ばんどう・まりこ）

昭和女子大学総長・理事長。1946年、富山県生まれ。東京大学卒業。1969年、総理府入省。内閣広報室参事官、男女共同参画室長、埼玉県副知事等を経て、1998年、総領事(オーストラリア・ブリスベン)。2001年、内閣府初代男女共同参画局長。2004年、昭和女子大学教授、同大学女性文化研究所所長、2007年より同大学学長（2016年3月まで）。2014年より理事長（学長兼務）、2016年に総長（理事長兼務）となる。

女性リーダー4.0
新時代のキャリア術

印　刷　2016年12月10日
発　行　2016年12月25日

著　者　坂東眞理子
発行人　黒川昭良

発行所　毎日新聞出版
〒102-0074 東京都千代田区九段南1-6-17 千代田会館5F
営業本部：03 (6265) 6941
図書第二編集部：03 (6265) 6746
印刷・製本　中央精版

ISBN978-4-620-32424-1